戦時下の日本映画

人々は国策映画を観たか

新装版

古川隆久

吉川弘文館

目　次

目　次

〈挿　図〉

写真協力（財）川喜多記念映画文化財団＝7・8・18・24・34・35・41・43・44・46・51・54・55・57・59・60・62・63
毎日新聞社提供＝66

はじめに

戦時下日本映画史のイメージ

もしあなたが昭和戦時期の日本映画に関心をもち、手はじめに、日本映画史に関する代表的な文献や、この時期の日本映画史を主題にした文献(1)を読んでみると、たいてい次のような印象を持つだろう。

昭和戦中期の映画は人々に大変好まれる大衆文化であったが、国家が映画の製作や興行《こうぎょう》を強力に管理したため、戦意高揚映画や国策《こくさく》宣伝映画などの国策映画ばかりが作られ、上映された。人々はそうした映画によって戦争遂行に協力するよう洗脳された、と。いわばこれが昭和戦時期の日本映画史の通説なのである(2)。この種の国策映画として有名なのは一九四〇(昭和一五)年封切の『支那の夜』や四二年の『ハワイ・マレー沖海戦《おきかいせん》』で、そのほかにも四三年の『決戦《けっせん》の大空《おおぞら》へ』など、いろいろな作品の名があがってくるだろう。

くわしい文献の場合は、よく読んでみると、そうした印象とは異なる事例(逸脱現象)もいくつか書かれている。国策映画とはいえない映画(芸術映画や娯楽映画)も一応作られており、それらが人気を集めたこともあるとか、国策映画でも不人気の作品があった、といった事例である(3)。前者の例としては、四三年の『姿三四郎《すがたさんしろう》』や『無法松《むほうまつ》の一生《いっしょう》』などがよく引き合いに出される。

しかし、大部分の文献ではそれらは例外として処理されているし、そうでない場合も、逸脱現象の意味までは説明してくれない。映画史研究は芸術としての映画がどのように発展してきたかという芸術史的観点から行われることが大半なので、どうしてもこの時期特有の現象である国策映画に目がいってしまうのであろう。最近は政府の映画統制は従来言われていたほどには映画の内容に踏み込んでいなかったとか、『支那の夜』は国策映画ではないという説も出てきたが、定説にはなっていない(4)。

なお、本書では、昭和戦時期とは、一九三七(昭和一二)年七月の日中戦争勃発から一九四一年一二月の太平洋戦争開戦をへて一九四五年八月の敗戦にいたる約八年間をさす(5)。

本書のねらい

テレビで第二次世界大戦や太平洋戦争を扱ったハリウッド映画を観るうちに、人はなぜ戦争をするのかという疑問をもったことが歴史研究の道に進む動機の一つであったとはいえ、私は映画マニアと言えるほど映画を観ているわけではない。しかし、昭和戦時期の歴史の研究を深める中で当時の社会の雰囲気を知る手段の一つとして日本映画史にも関心は持っていて、少しは勉強もし、当時作られた名画と言われる作品を観たことも何度かある。そして、つい最近まで私も通説を正しいと思い込んでいた。

ところが、一九四〇年秋に封切られたある音楽喜劇映画(どのような映画なのかはⅢで)が封切当時大ヒットしたことを知り、その映画がとても楽しいものなので、はたして本当に国家に言われるままに人々は国策映画を観たのか、それによって本当に洗脳されたのか疑問に思いはじめたのである。それは最近の社会史や文化史研究の分野での昭和戦時期の研究の進展や、それと並行、あるいは刺激されてすすめてきた自分の研究の成果⑹ともつじつまの合う疑問であった。しかも、これまでこうした観点からの映画史研究はわずかしかなく、それらは私の疑問に答えてくれるほどの具体性に欠けていた⑺。

一般的にいって、映画を観るにはそれなりに時間や手間やお金がかかる。だから、人は自分にとって観る価値がないと予想できる映画を時間や手間やお金をかけてまで観ようとはしない。基本的には映画館に行かなければ映画を観ることができなかった⑻昭和戦中期の人々にとってはなおさらであった。当然映画製作会社や映画館は、できるだけ多くの人に観てもらい、できるだけ多くの収益を上げるために、映画の製作や上映に工夫を凝らすはずである。つまり、映画興行の動向の主導権は観客が握っているはずなのである。そうした中で国策映画ははたして人々にとって観る価値があったのだろうか。

しかも、昭和戦時期の日本では映画は最も人気のある大衆娯楽とみなされていたので、一つの映画が大ヒットしたり特定の種類の映画が人気を得ることは一つの社会現象であった。特に国策映画の場合は、国家の威信とかかわりが深いために、大ヒットした場合はもちろん、不人気となった場合でさえも社会問題となった。いずれの場合も国家や言論界がそうした現象に注目し、その意味を考察し、対応策を模索した。映画興行の状況は、社会の動向を考え、対処する上で不可欠な情報の一つとなっていたのである。

以上のことをふまえ、本書では、はたして戦時下の日本に住んでいた人々は国策映画を観たのか、観たとしてそれによって洗脳されたのか、もしそうでなかったとしたら人々にとって、あるいは当時の日本社会にとって映画とは何だったのか、について考えていく。それは、昭和戦時期の日本社会の歴史像を深めることになるだけでなく、文化と政治や社会とのかかわりについて考えを深める手がかりとなるだろう。

なお、大都市に少数あった、ニュース映画を主に上映するニュース映画館を除く、すべての映画館の主力商品は劇映画で、大多数の映画館では日本製の映画(邦画)が主力商品であった。したがって、とりあげる映画の大多数は邦画の劇映画ということになる。

また、当時の日本では、新聞や映画雑誌での映画の宣伝広告を見れば明らかなように、芸術映画以外の作品の宣伝の力点は主演俳優の名前と題材で、監督や脚本家ではない(今でも似たようなことがないではない)。こうした現象が一般の人々が映画に何を求めているかを反映していることは明らかである。したがって、本書でも必要な場合以外、個々の映画作品の監督や脚本家の名前は省略する。

国策映画とは

ここまで何の断りもなしに使ってきた「国策映画」「娯楽映画」「芸術映画」という言葉は当時から使われていたので、当時の用例をふまえてこれらの言葉の意味をとりあえず決めておこう。

まず、国策映画について。「国策」とは国家の政策のことである。国策映画という言葉は一九三八年夏ごろから一般に使われはじめたが、(9)「非常に濫用《らんよう》されて」おり、四一年春の段階でも映画評論家が「語義をはつきりさせよう」(10)と議論していた。だからといって、どの映画がそれにあたるのかを残された映像から現代の視点で判断してしまってよいのであろうか。極端な話、戦時下において政府の検閲《けんえつ》に合格した映画はすべて国策映画であるという説を立てる人がいるかもしれない。しかし、それでは当時国策映画とはみなされなかった映画が存在したことを説明できない。

国策を宣伝したいのは国家なのだから、個々の映画が国策映画かどうかについては当時の日本政府の判断がもっとも有力な手がかりとなる。日中戦争勃発直前の三七年四月、映画検閲を担当していた内務《ないむ》省警保局《しょうけいほきょく》（全国の警察を統括。現在の警察庁に相当）は映画検閲規則を改正し、検閲手数料の免除の対象を、教育用映画や官庁の宣伝用映画のみから、一定の基準を満たした邦画全般、すなわち劇映画（当時の内務省の法令用語では「娯楽映画」）、文化映画（劇映画以外の映画）に拡大した。

表向きの改正理由や改正した法令には「国策映画」という言葉はないが、改正の経緯（I－2参照）から考えて、改正の目的が国策映画製作の奨励であったことは明らかである。だから、ある映画作品が検閲手数料を免除されたということは政府がその映画を国策映画と認めたということを意味することにほかならない。

免除の基準は、いずれかの官庁や公的団体が免除を申請してきた映画のうち、製作技術が優秀で、かつその内容が「国体観念（天皇主権という日本国家のあり方についての考え方）の昂揚《こうよう》、国民道義の確立、我国内外情勢に対する認識の是正、軍事、産業、教育、防災、衛生等各種行政の宣伝、その他公益を増進するに資すると認められるもの」である。劇映画の場合はさらに、いずれかの官庁が指導または後援して製作されたもの、いずれかの官庁が優良であるとして推奨したもの、警保局が優良な劇映画であると判断したもの、という三つの条件のいずれかに該当する映画であった(11)。

そこで、本書では以上の基準を満たした映画を国策映画とみなすことにしたい。劇映画に関していえば、内容的に国家にとって役立つという理由でいずれかの官庁が推奨したか、製作に関与した場合である。なお、戦時期において、官庁の指導、後援の事実を隠蔽して公開された映画は私が知るかぎり存在しない。

ただし、検閲手数料免除の一般社会への認知度は低かったと思われる。個々の映画についての検閲手数料免除の事実はその都度一部の映画雑誌（後で紹介する『キネマ旬報』など）で報じられたが、当時の新聞や雑誌の広告を見るかぎり、個々の映画の広告にいずれかの官庁の指導、企画、後援、推薦などは記載されても検閲手数料免除はほとんど記載されないのである。検閲という言葉を広告に載せることが嫌われたのであろうか。

そこで以下では、煩雑さを避ける意味もあって、警保局単独の判断で検閲手数料を免除した場合（劇映画の場合には日中戦争期に若干みられる）以外は、いちいち検閲手数料免除の事実を書かないことにする。しかし、実際にはそれ以外の官庁が国家に役立つという理由で指導（企画を含む）、後援、推薦した場合はほぼ必ず検閲手数料も免除されていた。

一方、娯楽映画とは、主に劇映画の内容や技法について芸術映画あるいは文芸映画という言葉と対応して使われた言葉で、低俗または平易とみなされた場合は娯楽映画、高尚または難解とみなされた場合は芸術映画あるいは文芸映画と呼ばれた。もちろんすべての映画が明確にどちらかに分けられるはずもなく、実際にはどちらの要素が強いかで判断される。

一般に娯楽とは息抜き、気分転換などに役立つ文化のことであり、そもそも劇映画はすべてそうした役割を多かれ少なかれ担うとも考えられる。実際、映画検閲を担当していた内務省警保局は劇映画をすべて娯楽映画と定義していた[12]。しかし、実際には映画に関する報道や論評の中では娯楽映画と芸術映画という分類が一般に行われていたし[13]（現在も行われている）、本書で紹介するたくさんの実例から考えて、観客の側もそうした区別を意識していたことはまちがいない。

当時を知る手がかり

では、映画興行の実態はなににによってわかるのだろうか。映画が最も人気のある大衆娯楽とみなされていたためか、映画関係の同時代の文献はかなり残っている。その中で重要な史料は、映画検閲の他、映画館の安全や衛生に関する行政を担当していた内務省警保局の記録や諸統計類[14]、民間で編集・刊行されていた『日本映画年鑑』、そして一部の映画雑誌に設けられていた興行状況に関する常設欄である。

このうち、映画雑誌の常設欄は、『キネマ旬報《じゅんぽう》』が「映画館景況《けいきょう》調査」などという名称で一九三三年から本格的にはじめたもので、大都市の主要映画館の経営主体、定員、料金、週ごとの番組と、日ごとあるいは一週間合計の興行収入額が記載され、簡単な解説がつく。主な対象は東京・大阪・京都の三都市で、札幌・福岡・横浜・名古屋も一時期加わる。

この常設欄は、同誌が第一次映画雑誌統制で一九四一年一月から『映画旬報《えいがじゅんぽう》』に改組された後も体裁や名称を変更しながらもつづき、一九四三年末の第二次映画雑誌統制による同誌廃刊後は、全国の封切興行収入の総計のみが『日本映画《にほんえいが》』に掲載された。

この欄の記事は、不入りの際も隠さず記述されていることや、三誌とも専門家向けの記事や業界ニュース的な常設欄を掲載するなど、業界誌としての側面があったので信頼性が高い。

また、各映画会社の自己申告にもとづき、前年の封切《ふうきり》興行収入額の上位作品を会社ごとにまとめた一覧が『キネマ旬報』や『映画旬報』の元旦号などに四一年まで掲載されていた。これは、自己申告であることや掲載時期の関係で一一月末以後封切の作品が事実上対象外となるなど、「映画館景況調査」より信頼性にやや欠けるが一応の目安にはなる。その後は映画業界の再編に伴い設立された映画配給機関(映画配給社)の調査による信頼性の高い数値が半年に一回程度『映画旬報』と同誌廃刊後の『日本映画』に掲載された。

このように、個々の作品の人気度をかなりの確実性をもってつかむことができるのが大衆文化としての映画の特徴である。昭和戦時期までの大衆音楽や大衆文学ではなかなかこうはいかない。Iで述べるように、映画と大衆音楽や大衆文学との関連はかなりあるので、本書で明らかにした事実関係やそれらの根拠とした史料は、同時代の音楽や文学を大衆文化としての視点から考える場合に手がかりの一つとして活用していただけると思う。

なお、肝心の映画作品自体についてであるが、邦画の劇映画の場合、戦時期だけで二〇〇〇本近く作られたものの、当時のフィルムが耐久性に欠けていたため磨耗した場合が多い上、フィルムが可燃性だったため戦後に撮影所の火災でかなりの数が焼失した。そのため、現在残っている作品はおそらく三〇〇本に満たず、しかもビデオ化されて比較的簡単に観られる作品は二〇〇本に満たない。

しかも、封切当時の姿をとどめている作品もあまり多くない。通常より長編のため、あるいは戦局悪化による上映時間の短縮などのため再上映時に短縮版が作られたり、敗戦直後、映画製作が調子を取り戻すまでの穴埋め用に再上映した際、占領軍の指示で軍国主義的とみなされた部分が削除されたり、戦後、保管や管理の不備でフィルムの一部が失われてしまったりしたのである。だから残っている作品を

見る場合も注意が必要である。(15)

現在見ることができない作品や、封切当時の姿をとどめていない作品の失われた部分の内容を知りたい場合は、右の各誌にあった新作映画のあらすじ紹介や批評の常設欄(「日本映画紹介」「日本映画批評」など)を利用することになる。(16)

以上のことをふまえて昭和戦時下の日本の映画館の中に入っていこう。

＊史料の引用は原則として原文通りとするが、句読点は適宜補い、明らかな誤字・脱字は訂正し、固有名詞以外の漢字は新字を用い、適宜(人名、題名は判明する限りで)ルビを付した。引用文中の〔　〕は引用者の注である。また、引用史料やとりあげる映画作品の中には現在では不適当な表現が用いられている場合があるが、歴史研究上必要な範囲での措置であり、差別や蔑視、植民地支配を肯定、助長する意図はまったくない。

(1)　日本映画史の基本文献というべき概説書としては次の三つが代表的である。田中純一郎『日本映画発達史』全五冊(中央公論社、一九五七〜八〇年)は、最初の本格的な日本映画史の通史である。芸術至上主義的な視点を持ちながらも、基本事項が網羅されている。『講座日本映画』全八冊(岩波書店、一九八五〜八八年)は、作品論・作家(監督・脚本家)論的観点からの概説と関係者の回想からなる。佐藤忠男『日本映画史』全四冊(岩波書店、一九九五年)も同様の視点からの概説書であるが、文化史・社会史的視点も豊かな点に特色がある。

昭和戦中期の映画史の本は数種あるが、代表的な作品として二つあげる。櫻本富雄『大東亜戦争と日本映画』(青木書店、一九九三年)は、映画界の戦争責任を問う立場から、戦中期の映画界の動きをくわしく紹介している。ピーター・B・ハーイ『帝国の銀幕』（名古屋大学出版会、一九九五年）は、戦中期の国策映画や映画統制の実態をくわしく論じている。

以上の文献は、予備知識を得たり、史料を探索する上で大変参考になった。

（2）田中書では、戦中期の映画界は「映画法の制定によって、きびしい国権の支配下に管理される運命となった」（第三巻一二頁）とされている。『講座日本映画』では第四巻で戦中期が扱われ、巻頭の概説（佐藤忠男）の題名が「国家に管理された映画」となっている。佐藤『日本映画史』では第二巻第四章で戦中期が扱われ、映画法は映画製作の自由を大幅に狭めたとし（二二頁）、「太平洋戦争の段階における日本映画は政府や軍の意向の下に娯楽映画は極端に少なくなって戦意高揚映画が多数を占める」（五一頁）としている。

櫻本書は、「大衆娯楽であった映画がどのようにして戦争にからめとられていったか」が執筆目的とされている（「あとがき」二〇三頁）。戦中期の日本映画史に関する著書の大部分は類似の観点に立っている。

ハーイ書は、「まえがき」で、「映画史の視点から、戦争の時代におけるプロパガンダ（宣伝）の手段としての日本映画の発展を辿っていく」（ii頁）とし、「映画の企画を立てる時には、その観客がどういった人たちであるかという適切な予想図を持たなければならないが、日本のプロパガンダ映画の製作者たちにとって、それはさほど難しい作業ではなかった」とし、その理由として、製作者たちは小学校の国語や修身の教科書の内容を共通知識として利用できたことをあげている（iii頁）。つまり、プロパガンダ映画（本書でいう国策映画とほぼ同義）は人々を操ることができたという前提で考察している。

（3）たとえば、佐藤『日本映画史』第二巻六四頁に「戦時下でも時代劇に観客が求めたのはエンタテインメント（娯楽）だった」とあり、ハーイ書三〇三頁には、あるプロパガンダ映画（『八十八年目の太陽』）の封切興行の不入りぶりが記されている。

（4）加藤厚子「日中戦争期における映画統制」（『史学雑誌』一〇九―六、二〇〇〇年）、同「映画法施行以後における映画統制」(『メディア史研究』一〇、同年)。

(5) 一九三一年九月の満洲事変勃発から敗戦までを戦時期とする見方(「十五年戦争」論)もあるが、日本国内の政治や社会の状況から見て、戦時体制がはじまるのは日中戦争勃発以後であるので、私は日中戦争勃発以後を戦時期と考えることにしている。

(6) 私が最も強く影響を受けた論文として高岡裕之「観光・厚生・旅行」(赤澤史朗・北河賢三編『文化とファシズム』日本経済評論社、一九九三年)、拙著としては、『皇紀・万博・オリンピック』(中央公論社〈中公新書〉、一九九八年)、『戦時議会』(吉川弘文館、二〇〇一年)。

(7) アーロン・ジェロー「『宮本武蔵』と戦時中の観客」(四方田犬彦編『映画監督　溝口健二』新曜社、一九九九年)は、「日本国内において日本人の観客がどれほど「訓練」されて、どれほど国民映画の政策に協力したかは、まだ議論すべき点の一つ」とし、「観客が国家への奉仕の心を少しでももっていたかぎり、彼らの映画解読によって映画を国民映画にする傾向があったのであろう」(二四八頁)と、問題提起にとどまっている。同氏の「戦ふ観客」(『現代思想』二〇〇二年七月号)も、観客を題名に掲げているものの、実際には映画評論家たちが太平洋戦争期になぜ映画に対する観客の反応を気にしはじめたのかという問題を論じており、問題関心が本書とは異なる。

筒井清忠『時代劇映画の思想』(PHP新書、二〇〇〇年)は、「大衆の強い支持を受けていた」時代劇映画を、「大衆の意識を知るための最高の手がかりの一つ」(一二八頁)としているが、「従来の日本映画史は、エンターテイメント時代劇を甚しく低く評価してきた。しかし、これでは映画という大衆に最も近いメディアから大衆の意識を知る方途が閉ざされてしまった」(四八頁)と、やはり問題提起にとどまっている。

社会学の分野では戦後初期に大衆文化研究の一環として同時代の日本映画の観客調査が行われたことがあったが(南博「映画の観客調査」〈思想の科学研究会編『夢とおもかげ』中央公論社、一九五〇年〉)、時代をさかのぼった研究はなく、マルクス主義的社会学の立場からはじまった文化史研究(カルチュラル・スタディーズ）の分野でも、観客の動向の実態に踏み込んだ日本映画に関する研究はないようである（吉見俊哉「メディア・スタディーズのために」〈同氏編『メディア・スタディーズ』せりか書房、二〇〇一年〉六〜八頁）。なお、カルチュラル・スタディーズの研究成果（同「経験としての文化　言語としての文化」同書所収、等を参照）は本書をまとめる上で参考にはなったが、本書はカルチュラル・スタディーズ的立場をとっていない。

さらに、大衆文化としての活字媒体の受容に関する研究はかなりの蓄積があるが、最新のすぐれた研究として永嶺重敏『モダン都市の読書空間』（日本エディタースクール出版部、二〇〇一年）がある。同書は問題関心や研究手法が本書と非常に似ている。私が同書を読んだのは映画に関する一本目の論文を書き上げてからであるが、このような研究が現れたことに大変勇気づけられたし、特にIの執筆に際しては大いに示唆を受けた。

（8）　映画館以外での映画鑑賞の手段としては、まず、学校教育の一環として学校で映画上映が行われたが、上映される映画は教育用の特殊な作品で、しかも商業用映画に用いられる三五ミリフィルムは当時は可燃性で取り扱いには資格が必要だったため、一六ミリフィルムの無声映画であった。さらに、映画館の少ない地域では映画館以外の場所で有料興行が行われたり、官庁や企業による無料巡回上映が行われていた。

一九三〇年代には欧米の主要国でテレビの開発や実用化がはじまっており、日本でも独自に開発され（佐藤卓巳『現代メディア史』岩波書店、一九九八年、第九章）、一九三九年五月から四一年六月まで日本放送協会による試験放送が行われた。ドイツ製の記録映画が放映されたこともあったが、戦時体制強化のため本放送開始には至らなかった（日本放送協会放送史編修室編『日本放送史』上巻、日本放送協会、一九六五年、四六八〜四七四頁）。

また、家庭用映画としては、ホームムービー（主に一六ミリあるいは八ミリフィルム、主に無声）が当時すでにあった。『キネマ旬報』にもアマチュア映画愛好家のページが設けられていたし、一九四〇年ごろのカラーフィルムによる撮影記録も残っている（一九九九年二月NHK総合テレビ関東ローカル枠で放映された『首都圏映像の二〇世紀』シリーズの東京都編の一で紹介された）。ただし一般庶民には手の届かないぜいたく品であり、昭和戦時期の経済統制でフィルムや機材が入手難となって衰退した。

（9）『キネマ旬報』の場合、六五三号（三八年八月一日）二五頁「時報」の見出しに「映画報国強化、国際映画製作方針きまる」とあるのが早い例である。

（10）「国策映画と諸問題座談会」（『新映画』四一年五月）四八～五一頁（「国策映画の広狭」）。出席者は、飯島正《いいじまただし》・筈見恒夫《はずみつねお》・津村秀夫《つむらひでお》・南部圭之助《なんぶけいのすけ》。引用は四八頁の津村の発言。

（11）『活動写真フイルム検閲年報（昭和十二年）』（内務省警保局、一九三八年）四頁。本年報は三九年版（四〇年発行）から『映画検閲年報』と改題され、四二年版まで刊行された。四一年版以外は復刻されている（『復刻版活動写真フイルム年報』全四巻、龍渓書舎、一九八四年）。以下『検閲年報』と略記する。

（12）『活動写真フイルム検閲時報』（当時は非公表、一九三九年一〇月より『映画検閲時報』、以下あわせて『検閲時報』。不二出版より復刻版が出されている）巻頭の映画の分類表を参照。

（13）たとえば、飯島正「映画は生活のすがた」七頁、今村太平《いまむらたいへい》「芸術は大衆が理解する」一〇頁（いずれも『映画旬報』四五、一九四二年四月二一日号）を参照。

（14）以下利用する映画統計（映画館数・観客数・封切映画本数など）の出典は『検閲年報』と『映画年鑑』である。

『検閲年報』は内務省警保局が年一回発行していた同局の活動報告書で、映画検閲関係の統計のほか、内地の映画興行に関する各種の統計が掲載されている。映画興行に関する諸書の統計の出典は『検閲年報』で、四三年以後は内務省のほか四二年二月設立の映画配給社の調査も典拠となっている。

なお、四二年四月に二系統上映制がはじまるまでは、「常設館経営者中には、或る種の事情から実際数よりは遙かに少く人員の報告を為す者のある実情を見逃してはならない」（鈴木笛人「興行時評」〈『映画旬報』六六、一九四二年一一月二一日号〉四九頁）ので、入場人員統計の信頼性は完璧とはいえないが、他に代わる史料もないので、本書ではそのまま利用する。引用文中の「或る種の事情」とは、税金関係と推察される。

『映画年鑑』は発行者や名称が何度か変わり、発行されていない年もある。一九四三年度版までの『映画年鑑』が日本図書センターから一九九四年に復刻され、それ以後四五年までの分は出版に至らなかったが、原稿が東京国立近代美術館フィルムセンターに所蔵されている。本書に関係する時期では、一九三四年版と一九四〇年版以降のものは『検閲年報』の主要な統計を転載する以外に、独自に作成、収集した資料も掲載され、項目によっては解説もある。ただし、内務省の統計の分類基準についての説明はないので、『検閲年報』で確認する必要がある。以下復刻分は、『昭和十六年映画年鑑』などと略記する。

また、四三年の映画館数は『映画年鑑』に記載がなく、東洋経済新報社編刊『完結　昭和国勢総覧』第三巻（一九九一年）三九八頁よりとった。
(15)　各映画会社の社史の作品目録や『キネマ旬報別冊　日本映画作品大鑑』全七冊（一九六四年）、『検閲時報』記載の封切時のフィルム長（トーキー映画の場合約二七メートルで一分）、または巻数（一巻で約二五〇メートル）を現在残っている版と比較するとわかる。また、一九四三年までについては、『検閲時報』などでも短縮版の作成が確認できる。
(16)　ただし、三流会社（I参照）の作品は批評のみの場合が少なくない。また、あらすじ紹介の掲載後、検閲やフィルム編集の都合（長すぎた場合など）で内容が変更されて公開になる場合もあるので、批評文や『検閲時報』による確認が必要である。

I　日中戦争勃発時の映画と社会

1909年	尾上松之助の登場(初の映画スター)
1912年	日活の創立
1920年	松竹、映画産業に参入
1925年	警保局による映画検閲の開始
1931年９月	満洲事変勃発
1932年５月	５・15事件
1933年３月	「映画国策建議案」衆議院で可決
1934年３月	映画統制委員会設置
1935年３月	東宝ブロック誕生
〃　12月	財団法人大日本映画協会設立
1937年７月	盧溝橋事件勃発(日中戦争はじまる)

1　社会の中の映画

戦時のはじまり

日中戦争の発端となった盧溝橋《ろこうきょう》事件が勃発した一九三七（昭和一二）年七月七日、日本国内の映画館の大部分は七月第一週の番組の最終日をむかえていた。

たとえば、日本一の興行街《こうぎょうがい》といわれた東京の浅草《あさくさ》の場合、松竹《しょうちく》洋画封切館《ふうきりかん》の大勝館《たいしょうかん》ではイタリア映画『リビア白騎隊』とアメリカ映画『人類一億年《じんるいいちおくねん》の曝露《ばくろ》』などの三本立て、松竹邦画封切館の帝国館《ていこくかん》では現代劇『恋も忘れて』と時代劇『小笠原騒動《おがさわらそうどう》』の二本立て（以下同じ）、日活《にっかつ》封切館の富士館《ふじかん》では現代劇『街《まち》の旋風《せんぷう》』と時代劇『松五郎乱《まつごろうみだ》れ星《ぼし》』、新興《しんこう》キネマ封切館の電気館《でんきかん》では時代劇『南風薩摩歌《なんぷうさつまうた》』と現代劇『浄婚記《じょうこんき》』前編、大都映画《だいとえいが》封切館の大都劇場では現代劇『肉弾騎手《にくだんきしゅ》』と時代劇『神風龍騎隊《かみかぜりゅうきたい》』前編が上映されていた。

東京都心の新たな興行街となっていた有楽町《ゆうらくちょう》周辺の場合、松竹の洋画専門館となっていた帝国劇場ではドイツ映画『会議は踊る』と『未完成交響楽《みかんせいこうきょうがく》』という名画の再上映番組、東宝《とうほう》系洋画封切館の日比谷映画劇場ではアメリカ映画『偽装《ぎそう》の女』と『町一番のちゃつかり娘』、東宝系邦画封切館で、映画館としては当時日本一の座席数（三〇〇〇弱）を誇った日本劇場ではPCL製作の時代劇『東海道《とうかいどう》は日本《にほん》晴《ばれ》』と現代劇『雪崩《なだれ》』（ただし東宝系はこのころ一興行一〇日なので一〇日までの予定）が上映中であった。

大勝館・電気館・帝国劇場以外は入りは良くなく、帝劇の番組と、『東海道は日本晴』が夭折《ようせつ》した天才映画監督として著名な山中貞雄《やまなかさだお》が脚本を書いたことで知られている以外は歴史に名を残した作品もない、平凡な週であった。[1] もちろん、この日にはじまる戦争が八年もつづき、悲惨な結末をむかえるとは誰一人知るよしもなかった。

ということでさっそく本題に入りたいところだが、当時の日本の映画事情がわかっていないとこれからの話はおもしろくないし、理解しにくいであろう。こうしたことは映画史の基本文献類には一応書いてあるが、根拠が十分に示されていないことが多く、時間の経過による変遷までは書いていないので本書の話を理解するためには不十分である。

1　1937年1月の浅草六区

当時の映画をめぐる実態は？

そもそも、一九三〇年代以後、日本政府が映画統制《えいがとうせい》を積極化する理由の一つは、映画が国民にもっとも人気がある娯楽であるという認識である。この認識は事実なのであろうか。

また、当時の映画は、主な観客が低学歴の青少年中心の庶民層であり、しかも設備の劣悪な映画館が多く、映画館の暗い空間が非行の温床《おんしょう》という見方もあって、一般に映画は低俗文化の一つとされ、国家や社会にとって、映画検閲《けんえつ》をはじめとする取締や監視の対象であっても推奨の対象ではなかった。(2)

これは、戦後長らく漫画やアニメーション映画が置かれていた状況と非常に類似している。結局のところ、新しい表現媒体はその可能性が未知であるがためにある程度普及するまではどうしても社会一般から警戒される傾向があるようだが、当時の映画の場合は、そうした認識がどの程度根拠のあるものだったのであろうか。

すでにこの当時から六〇年以上が経過し、当時の様子をありありと頭の中に再現できる人は少なくなっているし、その場合でもその人の境遇の違いによって体験も異なる。そこでまず、当時の日本の映画事情をできるだけ具体的に説明しておきたい。作家のような描写力は私には到底ないから、頼りになるのは当時の文献や回想、そして統計類である。

映画の人気

一九世紀末に欧米で発明された映画は、発明とほとんど同時に日本にももたらされた。そして一九〇九(明治四二)年に尾上松之助《おのえまつのすけ》(目玉の松っちゃん)という日本初の映画スターが登場したこともあって、日本上陸から十数年で映画は娯楽の王者となった。(3)一般論としては映画も報道や教育など娯楽以外の役割もありえるが、映画興行で目玉となっていたのは大部分の場合劇映画だったから、全体としては娯楽媒体とみなすのが適当である。なお、当時の映画はほとんどが白黒映画で、カラー映画は極めて珍しかった。[4]

一九三六(昭和一一)年には日本本土における年間の邦画の封切本数は五〇〇本を、映画館数は一六〇〇を、映画館入場者数は二億人を、映画館以外の場所(他の劇場や仮設の映画館)での有料興行入場者を入れると二億五〇〇〇万人を超えていた。当時の日本本土の人口は約七〇〇〇万人である[5]から、平均すると年間一人三回強(常設館のみでは三回弱)、一日当たり六八万五〇〇〇人弱(常設館のみでは約五五万人)がお金を払って映画を観ていたことになる。二〇〇一年の映画館入場者は一億六三〇〇万人あまりで、日本の住民は一人当たり一年に一回強[6]だから当時は現在の倍の頻度で映画を観ていたことになる。ちなみに映画館入場者の最高記録は一九五八年の一一億二七〇〇万人、映画館数の最高記録は一九六〇年の七四五七館(二〇〇一年現在二五八五館)である。

2　尾上松之助

そのほか、学校、官公庁や企業による無料興行がこのころは年間約四万九〇〇〇回行われていた。その観覧者数の統計はないが、常設映画館以外の場所での有料興行は三六年で八万二〇〇〇回強、観客数は四九〇〇万人弱であることを考えると、それよりはるかに少ないはずである。いずれにしろ、映画興行の主流はあくまで常設館の有料興行であった。

国際的に比較すると、一九三六年か三七年ごろと思われる調査によれば、映画館数第一位はソ連の二万六〇〇〇、第二

映画関係統計（入場者数、観覧者数は単位万人）

西暦	映画館数	常設館入場者数	有料観覧者総数	邦画封切本数	洋画封切本数
1931	1,449	16,471		525	258
1932	1,460	17,734		482	244
1933	1,498	17,824		472	248
1934	1,538	19,892		417	299
1935	1,586	18,492	22,996	446	302
1936	1,627	20,265	25,165	520	350
1937	1,749	24,561	29,404	562	286
1938	1,875	30,629	34,941	534	158
1939	2,018	37,573	41,978	531	134
1940	2,363	40,503	44,027	500	52
1941	2,472	43,833	46,327	250	39
1942	2,410	51,009	53,276	96	8
1943	1,986	34,226		63	5
1944	1,829	31,507		46	8
1945	845			35	1
1946	1,376	73,274		67	41
1947	1,505	75,608		97	73
1948	2,003	75,866		123	114
1949	2,374	78,676		156	153
1950	2,641	71,870		215	189
1951	3,693	73,168		208	206
1952	4,109	73,227		278	186
1953	4,455	76,418		302	196
1954	4,664	81,851		370	208
1955	5,184	86,911		423	191
1956	6,123	99,387		514	182
1957	6,865	109,888		443	190
1958	7,067	112,745		504	171
1959	7,400	108,811		493	210
1960	7,457	101,436		547	215
1961	7,231	86,343		535	228

出典　1944年までは「はじめに」の注⒁参照。1945年は『キネマ旬報別冊　日本映画作品大鑑』7、1946年以後は『キネマ旬報増刊1986.2.13号　映画40年全記録』。封切本数については正月用に年末に封切った作品は翌年正月封切とみなされて算定されていることが多い。

位がアメリカの一万七〇〇〇、以下、ドイツ、イギリス、イタリアの順で五〇〇〇前後、フランス、スペインについで日本は第八位であった。ただしソ連は映写機がなくても映画上映可能な施設はすべて計上しているため実質上の第一位はアメリカであった。[7] 映画の製作本数では、三九年段階で長編(劇映画以外も含む)の場合、日本は五八二本でアメリカを抜いて第一位で、イギリス、ドイツ、フランスはいずれも二〇〇本以下であった。[8] 日本は少なくともアジア地域では有数の映画大国であったといえよう。

観客の大多数は二〇歳代までの青少年であった。[9] 三六年の有料観客数の四人に一人弱が「小人《しょうにん》」であることはそれを裏づけている。ちなみに小人の基準は道府県ごとに若干異なるが、[10] おおむね一四歳未満、つまり高等小学校(現在の中学校に相当、ただし当時の義務教育は六年制の尋常小学校まで)在学生程度までを指していた。なお、私の知る限り男女別の統計は存在しない。

また、映画館は鉱工業地域の大都市部に集中していた。道府県別の映画館数の七位まで、すなわち、東京府(二五四)、大阪府(一五二)、福岡県(九〇)、神奈川県(七二)、京都府(六五)、兵庫県、愛知県(それぞれ六二)は、いずれも大都市をもち、鉱工業が盛んである。そして七府県の映画館数の合計は映画館数全体の半分近い。それ以外の場合も、映画館の所在地は各道府県の県庁所在地や鉱工業の立地場所などにほぼ限られていた。

三六年の産業別人口は第一次産業(農林漁業)が四割五分を占めていたこと、三五年当時の内地人口に占める二〇歳代以下の割合が約六割、右の七府県の人口総計が二二〇〇万人程度であることを考えると、映画を月に数回観るのは一〇〇〇万人弱、年に数回観るのが二〇〇〇万〜三〇〇〇万人程度で、その他の人々は、都市部の場合は若いときはよく見ていたが年をとるに従ってほとんど見なくなり、それ以外の地域では一生に数回ということになる。

ただし、一九三四年版の『映画年鑑』にある、文部省がこの頃行った娯楽調査から全国八県（岩手・秋田・茨城・新潟・岐阜・岡山・香川・熊本）の農山漁村・都市近郊の計三二事例を紹介した記事によれば、第一位が映画なのが一五ヵ所、第二位が映画なのが三ヵ所であること[11]を考えると、映画を観たいという欲求が都市部のみならず全国的に高かったことはまちがいない。

他の娯楽との比較

他の新しい娯楽媒体と比較すると、一九二五年にはじまった日本のラジオ放送（当時は公共放送のNHKのみ）は一九三五年に受信者数が二〇〇万を超え、日中戦争勃発後急増するが、その理由はできるだけ早く戦況情報を知りたいためであり、ラジオの主な役割は娯楽ではなかった[12]。

レコードは一九三六年を頂点に年間二〇〇万枚から三〇〇万枚弱販売されたが、蓄音機《ちくおんき》（再生機）は年間二〇万台前後で戦時期にはぜいたく品とみなされて生産が急減する。しかも当時のレコード（SP版）は表裏合わせて七分前後で定価五〇銭から一円五〇銭と[13]、あとでみる映画の入場料と比較するとやや高価である。当然、普及率は映画の比ではなかった。

問題は、新聞や雑誌、書籍を息抜きに読む〝娯楽としての読書〟との比較である。娯楽としての読書に関する映画やラジオのような全国的規模の統計はこの時代存在せず、断片的な調査しかない。一九三〇年代前半までの余暇調査では読書が上位にある事例が多く、読書は読むものさえあればどこでも手軽にできるし、回読《かいどく》や貸本《かしほん》、月遅《つきおくれ》雑誌の安価な流通など、読むものを手に入れる手段もいろいろあったので、実際にはこの時期読書が最大の娯楽であったことは確実である。

それは、映画観客の大多数が好んでいた邦画の場合、独自の脚本による作品より講談本や新聞・雑誌の連載小説を原作とする作品の方がはるかに多いことからも推測できる。なぜなら、まず活字媒体で人気が出た題材ならば確実にある程度の客が来るという製作者の計算がそこに働いているからである。

ところが、娯楽調査と銘打った調査の場合には回答に読書は見当たらず、調査する側も読書を回答の選択肢として想定していなかったことがうかがわれる。調査する側もされる側も、読書は余暇活動の一つの選択肢ではあるが、娯楽とは認識していなかったようなのである。その理由は推測のほかはないが、読書には娯楽以外にも実用的知識や教養の獲得など、多様な動機があるし、なにより娯楽としての読書が普及しはじめたのは一九二〇年代後半以後の新しい現象であった(14)。

要するに、一九三〇年代後半の日本において映画はおそらく読書についで人気のある娯楽であったが、娯楽としての読書を量的に認識することがむずかしかったので、実際には映画が当時の日本で最も人気のある娯楽とみなされたのである。ただし、映画館の都市部への偏在や観客の年齢層の狭さをふまえると、広範な人々が日常的に楽しむような娯楽とは言いがたかった。そこが戦時期の映画の国策《こくさく》的利用をめぐる一つの課題となる。

庶民の好みは邦画

当時日本本土で上映されていた映画は、大きく邦画と洋画（欧米製映画）に分類されていた。日本の植民地を含むアジア各地でも映画製作ははじまっていたが、日本で上映される機会は大変少なく、上映されても芸術的にも興行的にもほとんど問題にされなかった。邦画の輸出は日系人や日本人居留民向けの国内用映画の輸出が中心で、外国人向けはごくわずかであった。[15]

洋画は日中戦争勃発までは年間三〇〇本前後が封切られていたが、八〜九割はアメリカのいわゆるハリウッド映画、残りがヨーロッパ製で、後者の大部分は芸術映画であった。[16]しかし、洋画専門館は三六年段階でわずかに六四館、大部分が大都市部に集中していた。邦画との併映館は四三三館で、両者合わせても常設館数の四分の一にとどまっていた。

洋画は高学歴者、具体的には上級学校（中学・高等女学校・高校・大学・師範学校・高等師範）の学生やそれらを卒業したサラリーマンが観るものとみられていた。[17]それは、東京における、「帝劇や日比谷（映画劇場）は帝大（東京帝国大学）や慶応が多い」「立教なんかも多い[18]」という観察や、三八年一月に京都でアメリカ映画『オーケストラの少女』が封切られた際の、「流石《さすが》に学生層に期待された名編だけに、観客は九分通り学生で占られ[19]」という観察、一九三九年ごろの富山市における洋画の観客についての、「学生、サラリーマン等インテリー層は勿論」という観察[20]などから裏づけられる。ちなみに、一九三五年の時点で小学校在学者が一一四二万人強であるのに対し、上級学校の在学者は一〇〇万人強にすぎない。[21]上級学校への進学率は二割前後、大学となるとさらに少ない。

高学歴者が洋画を好んだ要因として、高学歴者が文化的な面で見栄を張っていたことが読書行動に関する最新の研究[22]でわかる。戦前の高学歴者と低学歴者の読書傾向は実際には差が減りつつあり、講談社の主力雑誌『キング』は大衆向けとは言いながら高学歴の勤労者（サラリーマン）も愛読していたが、総合雑誌の中でも左翼的論説が多い『改造』、『中央公論』は低学歴者では読みこなせないため、高学歴者は両誌を読むことでかろうじて自分の優越性を確認していたのである。映画の場合、この役割を洋画、なかでも芸術映画が果たしていたと考えられる。

一方、邦画は低学歴の、まさに庶民層が主に観るものであった。ただし、邦画も題材や演出方法、撮影技法、トーキー映画の背景音楽など、さまざまな面で洋画の影響を強く受けていた[23]だけでなく、邦画の原作となった小説を描いた日本人作家の中にも、『愛染《あいぜん》かつら』の原作者川口松太郎《かわぐちまったろう》のように、しばしば洋画から着想を得ていた者もいた。[24]

興味深いことに、実は高学歴層も邦画の娯楽映画を好んでいたようだ。東京帝国大学経済学部教授河合栄治郎《かわいえいじろう》は、教養主義の提唱者として学生に人気があったものの、軍部批判がもとで三九年に大学を休職させられることになる人物だが、チャンバラ時代劇映画を観に行くのが大好きだった。[25]下町生まれであることが関係していたのであろうか。また、のちの歴史学者色川大吉《いろかわだいきち》氏は旧制中学生として『愛染かつら』を観、受けた感銘が原因で軍人志望をやめて旧制高校に進学の意志を固めたという。[26]

後でもふれるようにこの映画は戦時下の代表的な娯楽映画の一つで、観客は女性客が多かったが、邦画の娯楽映画は教養ある人が観るものとはされていなかった中で、内務省《ないむしょう》の検閲官が、「『愛染かつら』を見に来てゐた中には学生が多かつたといふことです。相当教養があると考へられる人が多かつた様ですが、さういふ点は考るべき問題がある」と述べている。[27]見栄を張るのも疲れることだったのであろう。

なお、教養主義とは、文化の享受を通して人格を高めようという考え方である。当時の日本の教養主義の源流は明治時代の修養主義にあり、明治末期（二〇世紀はじめ）から特に高学歴者に普及し、高学歴層が自分たちを一般庶民から差別化しようとする意識から高学歴層に固有の文化となっていった。[28]差別化というのは自分たちを上に置くわけであるから、特権化という方がわかりやすいであろう。

映画館というところ

映画館の規模は定員一〇〇人未満から一〇〇〇人以上までさまざまだったが、三七年段階では六〇〇人未満三〇〇人以上が半分強を占めるので平均五〇〇人とすると、全国の常設館が約一七〇〇であるからおおよその定員は八五万人となる。

三七年ごろには、大都市部の封切館級ともなると新しい鉄筋コンクリート製が増え、冷房設備を売り物にする館も現れはじめていた。しかし、そうした現在でも通用するような設備の館は少数派で、三九年にいたっても、「汚なく雨が降れば水が流れ込んだりする。下はコンクリートではなく裸であるから凸凹してゐる。子供達は時々便所へ行くのを略して柱のかげで小便をしたりするので非衛生なることおびただしい(29)」というような雰囲気の場所が少なくなかった。

しかも、映画館は繁華街に作られることが多かったから、そうした場をとりしきるやくざとの関係が昔から強かったが(30)、三八年段階でも切符の売り子(「テケツ・ガール」)には館主の愛人を置かないと収入をごまかされるというのが映画館の「三十年来の不文律」などと映画雑誌で言われているから(31)、高学歴の都会人からみれば、一部の高級館はともかく、全体として映画館は怪しげな場所とされていたようだ。

興行形態で分類すると、封切興行を行う封切館(一番館)が一流館として扱われ、以下二番館、三番館とつづき、新作が末端の映画館で上映されるまでには数ヵ月から一年近くかかったし、後で見るように大都市とそれ以外では映画の好みが異なっていたため、すべての新作が末端の映画館で上映されるとは限らなかった。製作会社との関係で見ると、特定の映画会社の映画を主に上映する系列館《けいれつかん》(製作会社直営の場合とそうでない場合があった)と、系列に属さない自由契約館があり、後者は一九四二年に映画事業の形態が大きく変更されるまでは全国で三〇〇～四〇〇館あった。封切館は会社ごとに数ヵ所から十数ヵ所あったが、東宝のみはまず日劇で先行封切し、一週間後(三八年までは一〇日後)に実質上の封切となることが多かった。

なお、東日本では現代劇映画が、西日本では時代劇映画が比較的好まれたらしい。[32] この原因については、現代劇映画は関東所在の撮影所で、時代劇映画は一部の会社を除き関西所在の撮影所で製作されていたことと関係ありそうにも思われるが、残念ながら確かなことはわからない。

3　小田原市内の映画館（復興館） 1940年9月ごろ

番組は時代劇と現代劇を数本組み合わせる形がふつうで、大都市では一回三時間程度、それ以外では四～五時間程度で、出入りは自由であった。

当時の映画館は座席が男女別となっていた。ただし、夫婦用に男女同伴席も設けられていたし、一人一脚形式の椅子席の場合はこの種の区別を設けなくてもよかった。[33] もともと大部分の映画館の観客席は横長のベンチ形式や升席《ますせき》など客同士の体が触れやすい構造であったが、封切館を中心に次第に体が触れにくい一人一脚形式の椅子席となり、男女別席の必要性が薄れたのである。実際、神戸では一九三一年から男女別席が廃止されたという(34)。また、若い女性客が上映中の暗い館内で性的な被害にあうこともあったし(35)、戦時下でも映画館のプログラムに男女別席の励行を求める注意書きがあるにもかかわらず、実際には守られていなかった(36)。

上映中の暗い館内ではどうせよくわからないし、同伴席の場合もいちいち夫婦かどうか確かめていたわけでもないようだ。それに少なくとも戦時期には男女別席の不励行を警察が摘発したという記録もない。つまり男女別席制は全体としては形骸化していたのである。一応警察官が時々映画館を巡回していたが、実際には職権を利用して映画を楽しんでいると一般に思われていた(37)。

安い映画館入場料

日中戦争勃発前後の映画館の入場料は二〇銭の場合が多く、後述の大都《だいと》映画の系列の末端の館には一〇銭の席もあり、大都市部の繁華街でも深夜の部（ナイト・ショー）は一〇銭の場合があり、大都市の繁華街にできはじめていたニュース映画や漫画映画など短編映画専門のニュース映画館は一〇銭均一が多かった(38)。もちろん小人は半額である。

かけそば一杯が当時一〇銭くらいなので、二〇銭というと現在の感覚では四〇〇円から五〇〇円くらいである。二〇〇一年の日本国内の映画館の入場料の平均額が一二二六円であることや、当時は入れ替え制ではないことを考えると、全体としては庶民にとって比較的手軽な娯楽ということになる。

ただし、一流の製作会社の大都市部の封切館では最低が五〇銭で、さらに一円と一円五〇銭、または七〇銭と一円という三段階料金となっていた。五〇銭だと当時の天丼一人前と同じで、現在の映画料金とほぼ同額の感覚である[39]。大都市部の封切館に毎週通うような常連客は高給取りかよほどの映画好きということになる。

以上の状況を同時代人の証言でも確かめておこう。東京帝国大学でフランス文学を学び、フランス留学の経験をもつ、当時著名な劇作家岸田国士《きしだくにお》は、『日本映画』一九三七年二月号掲載の「日本映画の水準に就《つ》いて」で、映画愛好者は「西洋映画ファン」と「日本映画ファン」とにはっきり分かれており、前者は「映画に対する鑑賞眼が高いばかりでなく、西洋そのものに魅力を感じ、西洋の人物と国情とにある種の憧憬を抱いてゐる」が、後者は「西洋文化に対する興味や関心が薄く、日本の現状をそのまゝ享《う》け容《い》れる素朴さがあり、従つて、想像力と批評精神に乏しく〔中略〕日本国民の『健実な(?)』部分には違ひないが、同時に頼りない付和雷同の徒である」ため、日本映画は水準が低いとしている。その上で岸田は日本映画の水準の向上は映画会社だけでは無理であるとし、輸出も可能なほどに水準を高めるために国立の映画研究所の設立を唱えた。

岸田はエリート的な立場から、邦画の低俗さの原因を観客の質の低さとそれに迎合する映画製作会社に求め、その克服のために国家の介入を求めている。知識人や映画評論家には同じような見方が多かった[40]。では、当時の映画と国家の関係はどうだったのだろうか。

2　映画と国家

映画検閲

敗戦以前の映画と国家の関係といえば、政府による映画検閲がよく知られている。各道府県の警察による検閲は早い時期からはじまっていたが、国内行政一般を担当する内務省《ないむしょう》では、一九二五(大正一四)年から全国の警察を統括する警保局《けいほきょく》において、国内で上映するすべての映画(もちろん劇映画以外も)の検閲をはじめた。

規定に従い、アマチュア映画を除くすべての映画について、風俗、治安上内容に問題ないかを確認し、問題がある場合は上映禁止か問題部分の削除などの措置をとった。新作はもちろん、旧作も新版や短縮版を製作した場合は改めて検閲を受けた。その記録(『活動写真フィルム検閲時報』、三九年一〇月以後は『映画検閲時報』)は当時は非公表で、統計のみが『活動写真フィルム検閲年報』(一九三九年版から『映画検閲年報』)で公表されていたが、現在は前者も史料として復刻されており、個々の映画の製作や輸出入の状況、上映禁止や削除措置の理由や削除部分などがわかる。

敗戦までは洋画・邦画を問わず、王皇族を侮辱する表現、残虐な場面や性交場面、成人の全裸場面、さらに接吻場面もすべて削除されていたことはよく知られている。ただし、当時の日本社会では恋愛は好ましくないというのが常識であり、天皇主権の建前をとる国でもあったから、当時としては当然の措置であった。[41]そうした検閲の甲斐あってか、『検閲年報』の諸統計を見る限り、映画の影響による犯罪はほとんどなかった。犯罪の温床になったのは映画の内容ではなく、映写中の暗い空間だったのである。

ちなみに、国家が映画に関与するのは日本に限ったことではなく、多くの国で風紀対策として政府による映画検閲が行われていた。ただし、アメリカやイギリスでは第三者機関によっていた。また、ソ連、ナチスドイツ、ファシスト政権下のイタリア、中国では思想統制の手段の一つとしても注目されており、ドイツやアメリカでは映画を輸出産業の一つとみなして国家が映画製作に関与していた。[42]

そのほか、文部省《もんぶしょう》はどのような映画が有意義であるかを観客や教師、製作者に知らせるため文部省推薦映画の制度を一九二〇年からはじめた。[43]これは現在でも文部科学省が行っているような、教育的見地からまじめで上品な映画の製作・上映を奨励する措置であって、推薦映画が直ちに本書でいう国策映画にあたるわけではないが、戦時期には国策映画とみなせることが推薦理由となる場合が出てくるので、この場合は別である。

映画統制への道

映画の主な顧客が青少年であることをふまえて、映画の社会的影響力が大きいとみなし、映画を国家的社会的見地から健全な方向に発展させるべきだという考えが日本の政治や行政の世界で有力になってきたのは世界恐慌後の一九三〇年代中ごろであった。

一九三三年三月、映画の国民への影響の大きさや、外国に正しく日本を紹介する映画の製作の必要から、政府に検閲にとどまらない積極的な映画統制を求める「映画国策建議案」が衆議院で可決された。(44)その背景として、世界恐慌によって生じた社会的不安の影響から一部の小学校で共産主義的な教育が試みられる事件が発生するなど青少年の思想問題が表面化していたことや、一九三一年の満洲事変によって欧米で排日感情が生じたため、欧米各国の対日感情を良くする必要があったことなどがあった。

政府はこれに対応する形で三四年三月に映画統制委員会を設置し、外国映画の輸入制限、優秀な映画の製作奨励、映画館での教化映画の強制上映などさまざまな問題が議論されたが、同委員会を設置した斎藤実《さいとうまこと》内閣が七月に倒れたため委員会は休眠状態となった。(45)おりしも日本経済は回復の軌道に乗り、社会不安は解消に向かっていたので、国内的には映画統制の緊急性は少なくなっていた。ただし、ここで議題となったことの大半がのちに実現しているのは興味深い。

ちなみに、斎藤実内閣は、一九三二年の五・一五事件で政党内閣が中断した後にできた、官僚や二大政党による連立内閣である。政治の民主化(当時の言葉では「民本《みんぽん》」化)の期待を担って一九二四年からはじまった政党内閣期は、政友会《せいゆうかい》と憲政会《けんせいかい》(のち民政党《みんせいとう》に改組)による二大政党制が選挙干渉や汚職などの泥試合が目立ったため世論で不評となり、右翼のテロをきっかけに中断した。以後の政治は次第に官僚あるいは軍部が実質的に主導する度合いが高まっていく。映画統制の場合も例外ではない。

一九三五年一二月、内務省の外郭団体として内務省警保局内に事務局を持つ財団法人大日本映画協会が設立された。同会の趣旨は、「我国映画事業の改善発達と、健全なる娯楽映画の出現を期し、国民生活の充実向上と社会風教の維持刷新に貢献させ、延いては映画をして大日本帝国の国策に参加せしめ

（中略）映画が持つ宣伝と教化の特性を完全に発揮して、映画報国の実を挙げ」ること、つまり、まじめで、国家の意志の実現に積極的に協力するような国民をつくること（国民教化）に映画を役立てるために、娯楽映画の質の向上や映画事業の改善をはかるというものであった。映画を統治に利用しようという観点がここではじめて明確に打ち出されたのである。同会は機関誌『日本映画』を発行し、[46]同会の存在や設立趣旨を広く知らせるとともに、「映画報国」の具体策の模索をはじめた。

そして内務省は一九三七年四月、「映画事業の振興」を理由に映画検閲規則を改正し、従来教育用や官庁などの宣伝映画にのみ認めていた検閲手数料免除措置の対象を邦画全般に拡大した。[47]改正された規則の具体的な内容は「はじめに」の国策映画のところで紹介したので繰り返さないが、まだこの段階では国策映画という言葉こそ使われていないものの、検閲当局が右の一連の動向をふまえて事実上国策映画の製作を奨励しはじめたのである。[48]

3　映画業界の姿

映画産業の構造

映画産業の興亡は激しかったが、トーキー映画の製作や上映は無声映画にくらべて多額の費用がかかるため、企業の規模も大きい方が事業の展開上有利となっていった。その結果、くしくも日中戦争勃発当時、一流会社三社、二流会社二社、三流会社二社の体制が固まりはじめていた。一流会社とは、日活、松竹、そしてこの年九月に発足する東宝の三社で、映画の製作・配給（作品の上映権の映画館への販売）・興行（映画館経営）の三部門を持ち、株式会社の形をとり、かつ歴史や資本力の強さ、作品の芸術的な質どから映画業界内で特に高い名声を得ていた会社で、二流会社は、三部門を持っているが、作品の質などからやや格下とみられていた新興《しんこう》と大都《だいと》の二社、三流会社は製作と配給のみの会社で、全勝《ぜんしょう》と極東《きょくとう》の二社があった。(49) 各社とも毎週（三八年までの東宝は一〇日ごと）二本（大都は三本）の新作を封切っていたので、ヒットによる続映を見込んでも各社毎年六〇～一〇〇本程度（極東と全勝はその半分）、合計で年間五〇〇本前後の劇映画を製作していた。各作品は、同時に数ヵ所で上映できるように複製（「プリント」という）が作られ（二〇本前後）、各映画館に配給された。その他、主に教育用映画や記録映画、宣伝用映画などを製作する小規模製作会社が多数あった。
洋画の場合、アメリカ映画は主要製作会社の日本支社が、ヨーロッパ映画は東和《とうわ》商事などの取次会社が輸入し、いずれも主に松竹や東宝系の洋画上映館に配給されていた。

新興勢力東宝

東宝(50)は映画界の新興勢力であり、日中戦争勃発直前に映画業界再編の旋風を巻き起こした会社であった。その起源は、トーキー映画の将来性に着目した化学者植村泰二《うえむらやすじ》が一九三一年に設立した写真科学研究所（ＰＣＬ）である。当初は録音専門であったが、一九三三年に映画の自主製作をはじめ、ＰＣＬ映画製作所となった。

ＰＣＬは作品の配給先を獲得するため、おりから東京宝塚劇場株式会社を設立し、東京都心の有楽町に一大歓楽街の建設をはじめていた阪急《はんきゅう》グループの総帥小林一三《こばやしいちぞう》に提携を申し出た。小林はこの話に乗り、ＰＣＬと似たような事情にあった京都のＪＯ《ゼーオー》スタジオ（一九三三年設立）とも提携し、一九三三年に完成しながら経営に行き詰っていた日本劇場を東京宝塚劇場㈱で買収し、三五年三月、事実上の東

4　1933年の有楽町界隈　右端に日本劇場

5　榎本健一

6　古川ロッパ

宝ブロックが出現した。その後三六年六月に配給専門の東宝映画配給㈱が設立された。

東宝ブロックは、後発企業ながら阪急グループという資金や信用上の利点があったため、直営館《ちょくえいかん》では、封切館としては画期的な五〇銭均一という低廉な入場料を設定したり、製作面ではPCL製作部長森岩雄《もりいわお》がアメリカ流の「合理的」な製作体制を取り入れるなど、営業や映画製作に新しい方法を導入する一方、人材を他社から盛んに引き抜いたり、出演者を他分野から起用することで従来とは違う映画を作り、顧客の開拓をめざした。[51]

すなわち、三七年の春までに、日活から時代劇スターの大《おお》河内《こうち》伝次郎《でんじろう》をはじめ多数の有力俳優や監督を引き抜いたほか、主に浅草で活躍していた喜劇俳優の榎本健一《えのもとけんいち》(エノケン)や古《ふる》川《かわ》ロッパ(緑波)、吉本興業所属の落語家 柳家金語楼《やなぎやきんごろう》、同じく吉本所属の人気漫才コンビの横山エンタツ・花菱《はなびし》アチャコなど、[52]従来の映画ではみられない多彩なスターを起用したり、「進歩的」歌舞伎劇団として知られた前進座《ぜんしんざ》との提携で映画を製作しはじめた。このうち、エノケンとロッパは単独出演ではなく、それぞれ自ら率いる一座との出演であった。

この時期の東宝ブロックの主な観客層は洋画のそれと重なっていた。初期のPCL作品が東和商事の

7　『エノケンの青春酔虎伝』 左より榎本健一・千葉早智子

8　『エノケンの近藤勇』 上段に木刀を構える榎本健一

配給で洋画と併映だったこと、自主配給開始後も当初は大都市部にしか上映館がなかったことや、作品面でも、エノケンの映画初主演作品である『エノケンの青春酔虎伝《せいしゅんすいこでん》』（一九三四年五月三日封切）で、製作当時洋画界で大ヒットしていたドイツ映画『会議は踊る』の挿入歌が使われたり、『戦国群盗伝《せんごくぐんとうでん》』（第一部三七年二月一一日、第二部二月二一日封切）で前進座を起用したことなどはその現れである。しかし、『エノケンの近藤勇《こんどういさみ》』（一九三五年一〇月一一日封切）の冒頭で、エノケン扮する近藤勇が高下駄をはくと突然強くなるギャグが、同作品が地方興行に回ってから各地の子供たちに流行したことには、顧客層の拡大という東宝のねらいがよく現れている。(53)

実際、日中戦争勃発以前の東宝ブロックの主なヒット作は、右のエノケン物二本のほか、『エノケンのどんぐり頓兵衛《とんべえ》』、『エノケンの千万長者《せんまんちょうじゃ》』正・続、『ロッパの歌ふ弥次喜多《やじきた》』、エンタツ・アチャコ主演の『あきれた連中』、藤山一郎《ふじやまいちろう》主演の『東京ラプソディ』（いずれもＰＣＬ製作、一九三六年封切）など、有名演芸人主演による、ジャズを中心とする歌や踊り、あるいは漫才などを多く取り入れたドタバタ喜劇映画か、有名歌手主演による音楽映画であった。これらはⅡで見るように主に男性に人気があり、エノケンの場合は女性、中でも若い女性に毛嫌いされていた。(54)品のなさのせいであろう。しかし、喜劇スターの中での一番人気がエノケンであったことは疑いようがない。エノケンは歌えて、踊れて、アクションもできて、顔の表情でも笑わせることができる万能選手であった。

東宝のこの種の喜劇映画は批評家にはおおむね不評だったが、興行価値の高さは認められていた。映画評論家の多くが高学歴の洋画愛好者であったことを考えると、映画批評と世間の好みとの間の距離の大きさがわかる。たとえば、『エノケンの青春酔虎伝』の場合、「面白い映画である事は間違ひない」が、

「映画全体に漲《みなぎ》る低さが自分には到底買える映画たり得ない」と評された一方で、興行価値は「絶大。大多数の観客は面白さの為に、大喜びをしてゐる。万人向の映画」[55]とされた。こうして東宝系上映館は急増しはじめた。なお、右の諸作品の寿命は長く、三九年あるいは四一年ぐらいまで、封切作品の不振時や欠乏時の穴埋め用にしばしば上映されるなど、息の長い興行価値を保っていた[56]。

当時業界最大手の松竹はこうした東宝の動きに反発し、三七年四月以後、当時傘下にあった日活や新興を含め、既存六社で全国の映画館を対象に東宝映画の排斥運動を開始した。そのため東宝映画の上映館は二四五館から一時一七館にまで減少したが、東宝は興行価値の高い作品を送り出して挽回し、組織としても八月に東宝映画配給㈱をもとに東宝映画㈱を設立して九月にPCL・JOを合併し、映画会社としての東宝が正式に発足した。ただし、直営館の多くは東京宝塚劇場㈱の経営だったので、東宝の業績を考える場合には東宝映画と東京宝塚劇場の二社の業績を合わせて検討する必要がある。三七年下半期では両社合わせて六〇〇万円で、少女歌劇・歌舞伎・ロッパ一座など舞台興行の収入を差し引いても三〇〇万円を超えていたはずなので、すでに事実上松竹に次ぎ業界第二位であった[57]。

女性客に強い松竹

松竹[58]はもともと歌舞伎など演劇の興行会社で、一九二〇年に松竹キネマを設立して映画産業に参入し、日活と並ぶ大手企業に成長した。自社市場拡大のため、一九二九年四月に帝国キネマを資本傘下におさめ、一九三一年九月これを新興キネマに改組した。

さらに、東宝系の急成長に危機感を抱いた松竹は、経営が悪化して東宝の傘下に入りかけた日活を三

9　長谷川一夫

六年九月に資本傘下におさめ、さらに三七年二月に松竹キネマと演劇部門（松竹興行）を合併して松竹株式会社とした。合併当時の系列館数（約五〇〇）、六〇〇〇万円を超えていたと思われる興行収入[59]ともに業界第一位であった。日活と同じく東京で現代劇を、京都で時代劇を製作していたが、東京の撮影所は一九三六年一月に蒲田《かまた》から大船《おおふな》に移転した。

松竹は若い女性客を重視していたことで有名であった。[60] 京都の下加茂撮影所製作の時代劇は林 長二郎《はやしちょうじろう》（のちの長谷川《はせがわ》一夫《かずお》）が主力スターで、歌舞伎の女形出身の林の流し目や流麗な演技を売り物にした娯楽作品で若い女性客を集めた。[61] その他、歌う映画スター第一号といわれる高田浩吉《たかだこうきち》による流行歌入り時代劇も売り物の一つであった。

大船撮影所長城戸四郎《きどしろう》ひきいる現代劇部門は、田中絹代《たなかきぬよ》・高峰三枝子《たかみねみえこ》・桑野通子《くわのみちこ》・三宅邦子《みやけくにこ》などをはじめとする女性俳優と、上原謙《うえはらけん》・佐分利信《さぶりしん》・佐野周二《さのしゅうじ》らの男性俳優など、多数のスター級俳優が在籍しており、若い女性向けのメロドラマを中心とする娯楽作品が主力であった。なお、こうした二〇歳前後の娯楽映画の常連客は、評論家や業界人から「ミーチャン、ハーチャン」という蔑称で呼ばれていた。[62]

そのほか、清水宏《しみずひろし》や小津安二郎《おづやすじろう》、島津保次郎《しまづやすじろう》といった監督たちの現代物が、キネマ旬報ベストテンという、映画雑誌『キネマ旬報』が一九二四（大正一三）年からはじめた映画評論家たちによる芸術性を基準とする人気投票に頻繁に入選していた。ただし興行的には「丸の内で当る小津や清水の写真は地方では全然当らない[63]」、つまり、東京都心では芸術的な映画が一定の人気を得ることがあったが地方では当らなかったのである。

なお、キネマ旬報ベストテンは映画評論家など業界人による芸術的観点による人気投票であり、別掲の毎年の「ヒット映画と優秀映画一覧」を見ていただければわかるように、興行成績とは直接的には関係ない。

10　片岡千恵蔵

11　阪東妻三郎

最古参の日活

日活（大日本活動写真）はこの時期ではもっとも古い会社（一九一二年創立）で、尾上松之助の時代劇映画で成長した会社であるが、一九三〇年代に入るとさまざまな事情で経営が傾き、前述のように、一九三六年九月以後、松竹の支援をうけて経営再建中であった。東京の多摩川撮影所で現代劇を、京都の撮影所で時代劇を製作していた。三七年当時の系列館は約四〇〇、興行収入は上半期で約三〇〇〇万円であった。

主力商品は時代劇で、三七年夏の時点では、『丹下左膳《たんげさぜん》』シリーズで有名な大河内伝次郎は東宝ブロックに引き抜かれたものの、片岡千恵蔵《かたおかちえぞう》、阪東妻三郎《ばんどうつまさぶろう》（阪妻）という時代劇の大スターを抱えていた。当時はスター中心の時代劇はチャンバラが見せ場の子供向けの映画、つまり映画批評の立場からは

1937年　ヒット映画と優秀映画一覧

◇キネマ旬報ベスト10（製作会社　監督）
①限りなき前進（11/3、日活多摩川　内田吐夢）
②**蒼氓**（2/18、日活多摩川　熊谷久虎）
③**愛怨峡**（6/17、新興東京　溝口健二）
④風の中の子供（11/11、松竹大船　清水宏）
⑤裸の町（5/13、日活多摩川　内田吐夢）
⑥**若い人**（11/17、東発・東宝　豊田四郎）
⑦人情紙風船（8/25、東宝　山中貞雄）
⑧淑女は何を忘れたか（3/3、松竹大船　小津安二郎）
⑨**大坂夏の陣**（4/1、松竹京都　衣笠貞之助）
⑩**浅草の灯**（12/2、松竹大船　島津保次郎）

◇松竹興行収入上位（封切日　主演）
①**大坂夏の陣**（4/1、林長二郎ほかオールスター）
男の償ひ（8/19、佐分利信、桑野通子、田中絹代）
朱と緑（4/17、上原謙、高峰三枝子）
浅草の灯（12/2、高峰三枝子、上原謙）
⑤婚約三羽烏（7/14、佐野周二、佐分利信、上原謙）
土屋主税（前7/14・後8/14、林長二郎）
娘よ何故さからふか（12/25、佐野周二、高杉早苗）

◇日活興行収入上位
①水戸黄門廻国記（10/14、時代劇オールスター）
②恋山彦（前7/14・後8/11、阪東妻三郎）
蒼氓（2/18、黒田記代）
美しき鷹（10/1、轟夕起子）
③丹下左膳（日光の巻）（前4/1・後4/30、大河内伝次郎）
国定忠治（10/18、阪東妻三郎）
曠原の魂（9/1、片岡千恵蔵・轟夕起子）

◇新興興行収入上位
①吉田御殿（6/3、月形竜之助）
②**愛怨峡**（6/17、山路ふみ子）
③佐賀怪猫伝（2/3、鈴木澄子）
南風薩摩歌（7/10、市川右太衛門）
呼子鳥（前10/30・後11/18、河津清三郎）

◇東宝興行収入上位
良人の貞操（前4/1・後4/21、入江たか子）
南国太平記（8/11、大河内伝次郎）
禍福（10/1、高田稔、入江たか子）
エノケンのちやっきり金太（前7/11・後8/1）
江戸っ子三太（36・12/31、榎本健一）
美しき鷹（10/1、霧立のぼる）
若い人（11/17、大日方伝、市川春代）
怒濤を蹴って（9/21、記録映画）
戦国群盗伝（前2/11・後2/21、河原崎長十郎）

出典「はじめに」、Iの注(1)およびIVの本文と注参照
凡例　太字は、ヒット映画と優秀映画双方に登場する作品
文→文部省推薦、国→国民映画、非→非一般用映画
優秀映画は製作会社・監督名を、ヒット映画は主演者名や封切日を付記した。題名に主演者名が含まれる場合は主演者名を省略した。PCL、JOは東宝に統一した。すべての邦画である。
以下、各年の一覧はこれに従う。

質の低い映画と考えられていたが、[64]前にも述べたように一九三六年の段階で映画観客の四分の一は子供なので、映画産業にとって子供は無視できない存在であった。

一方で、多摩川撮影所製作の現代劇の中には、所長の根岸寛一《ねぎしかんいち》の方針で、熊谷久虎《くまがいひさとら》監督の『蒼氓《そうぼう》』(三七年二月一八日封切、昭和一二年度キネマ旬報ベストテン第二位)、内田吐夢《うちだとむ》監督の『裸の町』(同年五月一三日封切、同第五位)など、芸術的に高い評価を得る作品が現れはじめた。[65]しかし、営業成績は伸び悩んでいた。

その他の会社

新興キネマは、松竹のところですでに紹介したように、一九三一年設立の松竹の子会社で、京都撮影所で時代劇を、一九三五年に新設した東京の大泉《おおいずみ》撮影所で現代劇を製作していた。前身の帝国キネマと同様、小学校卒業から中等学校初等くらいの理解力を持つ人々を観客層としていたが、[66]他社のような特色を打ち出せず、業績は下降気味で、三七年段階で系列館数は三〇〇を割り、半期あたりの興行収入は二〇〇万円前後となっていた。そこで松竹は、三六年九月に永田雅一《ながたまさいち》を京都撮影所長に起用して挽回をはかった。永田は怪猫《かいびょう》物などの新企画を打ち出していく。

12 市川右太衛門

さらに時代劇の大スターの一人で『旗本退屈男《はたもとたいくつおとこ》』シリーズを持ち役とする市川右太衛門《いちかわうたえもん》が松竹の意向で入社し、時代

13　ハヤフサヒデト

劇部門で興行価値の豊かな娯楽映画を数多く作りはじめた(67)。その結果、日中戦争勃発ごろから業績は上向きはじめ、特に「下層階級の婦人達」の人気を得ていた(68)。

大都映画は、一九二七年に河合《かわい》徳三郎《とくさぶろう》が設立した河合映画社をもとに一九三三年にできた会社で、撮影所は東京の巣鴨にあり、系列館数は一五〇前後であった。この会社の観客は「下級労働者と小学生(69)」であり、しかも大都しか観ない固定客が多かった(70)。

その原因の第一は入場料の安さであった。主に二〇銭均一で、地方では一〇銭席もあった(71)。そのかわり大都は有力会社の中でトーキー化が最も遅く、三七年五月からはじまった(72)が、弁士《べんし》の解説と伴奏音楽をあとから録音するサウンド版という安価な方法であった。

第二は番組編成で、他社は一時間半程度の時代劇と現代劇各一本が普通であったが、大都は、三〇分から一時間程度の作品四本(うち一～二本は後述の極東・全勝の作品)で一つの番組としていた。第三に、各作品は「娯楽映画としての山をチヤンと持つてゐて、ピツタリツボに嵌《はま》つて居る(73)」という作品構成の手際のよさである。比較的短い作品の中にアクション(チャンバラ)、恋、笑い、義理と人情がわかりやすい筋立てで盛り込まれていた。それは現在ビデオ化されているわずかな作品の中でも、三八年封切の『争闘《そうとう》阿《あ》修羅《しゅら》街《がい》』(主演ハヤフサヒデト)、『段七《だんしち》千断《ちぎ》れ雲《ぐも》』(主演杉山昌三九《すぎやましょうさく》)を観れば確かめられる。

要するに大都は他社との競争が少ない独自の世界を築いていたのである。そのためか、大都に関しては他社と比較してほほえましい話が多く、ファンの熱烈な回想もある。これ以上私が駄文を弄するより、それらの文献(74)をぜひお読みいただきたい。

極東キネマと全勝キネマは三五年前後にできた関西に本拠を持つ短編チャンバラ時代劇中心の会社で、両社とも主に大都の上映館に作品を配給していた(75)。

なお、不思議なことに、映画館で上映される子供向き劇映画はチャンバラやアクション、ロボット物など男児向けとみなされる作品ばかりであった(76)。また、映画スターは一〇歳代後半から三〇歳代前半、監督も三〇歳代が大半なのはいかにも若者向けの娯楽らしい。

以上のように、主要映画会社はそれぞれ特徴を持っていると見られており、作品の題材や内容にも一定の傾向がみられるが、そもそも常連客のために毎週二本前後の新作を送り出さなければならない。しかも新興や東宝は広範な観客の獲得をめざしており、他社の場合も常連をつなぎとめ、新たな観客を獲得するために、客の期待に背かない新作を作る必要がある。映画会社はそれぞれ顧客の維持増大のため試行錯誤を重ねていたのである。

4　映画言論の世界

たくさんあった映画雑誌

一九三七年一二月現在、映画雑誌は四七種、映画新聞が三七種あった(77)。現在見ることができるのは主に映画雑誌なので、映画雑誌について概観しておこう。

映画雑誌には、一般愛好家向けのもの、専門家向けのもの、両方を兼ね備えたものなどがあった。一般愛好家向けには、新作やスターの紹介記事やグラビア写真中心のもの（『映画ファン』『映画之友』『映画とレヴュー』『映画と演芸』などや、洋画専門の『新映画』『スタア』など）や主要映画会社の宣伝誌などがあった。専門家向けには、評論誌（『映画評論』など）、映画教育関係（『映画教育』など）などがあり、両方を兼ね備えたものとしては『キネマ旬報』と『日本映画』があった。この二誌は本書でよく利用するので少しくわしく見ておこう。

『キネマ旬報』は一九一九（大正八）年に創刊された当時最も古い映画雑誌で、学生愛好家の評論雑誌として出発し、先に述べたキネマ旬報ベストテンを主催していた。映画史家の牧野守《まきのまもる》氏は同誌によって日本の映画評論の方法が形成されたと意義づけている(78)。三七年当時は論説のほか、国内封切映画のあらすじ紹介、批評や興行価値の判定、日本の各映画会社の製作状況、日本やアメリカの主要映画館の興行状況、業界ニュース欄など、専門家向けの常設欄をたくさん持つ一方、欧米の女性映画俳優を表紙にあしらい、スターや内外の映画のスチール写真など各種のグラビア、各映画会社の多色刷りや折込の大きな広告も多く、業界人のみならず一般の洋画愛好者をも読者に想定した誌面作りを行っていた。

『日本映画』は大日本映画協会が編集し、文芸春秋社が発行する三六年四月創刊の月刊誌である。同誌の特徴は、長谷川如是閑《はせがわにょぜかん》、大宅壮一《おおやそういち》のような有名評論家、菊池寛《きくちかん》(文芸春秋社主宰者)や林房雄《はやしふさお》などの有名作家、谷川徹三《たにがわてつぞう》や大森義太郎《おおもりよしたろう》のような学者など、狭い意味での映画評論家以外の文化人による映画論が多く掲載されていたこと、内務省や文部省の映画行政担当者たちの寄稿や、彼らを交えた座談会が多いこと、「論壇月評」や「新聞映画欄匿名月評」など、論壇自体を批評する常設欄が設けられていたことで、全体として芸術批評を中心とする既成の映画論壇に批判的な姿勢がめだつ。

なお、『日本映画』に寄稿する文化人は、大衆文化を利用して国民思想の堅実化をめざす元内務省警保局長で貴族院議員の松本学《まつもとがく》が警保局長時代から人脈を作りはじめ、三七年六月に「新日本文化の会」に集めた人々が中心であった[79]。そも

14　『キネマ旬報』(1937年7月)**表紙**

15　『日本映画』(創刊号)**表紙**

そも松本は思想統制の手段として映画にも注目しており、警保局長時代から松竹・日活・PCL(東宝)の幹部としばしば会合をもっていた[80]。

新聞の映画欄・広告宣伝

その他、各一般新聞には毎週または不定期の常設の映画欄があった。これも当時いかに映画が一般に人気のある娯楽であったかを示している。東京の場合、たとえば、『東京朝日新聞』は「新映画評」、『読売新聞』も同名の「新映画評」、『東京日日新聞』(『毎日新聞』の前身)は「映画週評」、『中外商業新報』(『日本経済新聞』の前身)は「試写室」、『都新聞』(『東京新聞』の前身)は「新映画評判記」などがあり[81](もちろん他紙にもあった)、いずれも洋画、邦画の新作から選んで内容紹介や簡単な批評を行っていた。そのほか、各紙とも文化欄でも週一回、または不定期に映画関係の記事が掲載されていた。

この中では、『東京朝日新聞』の「新映画評」がほめるだけの批評(「広告的批評」)ではないとみられたために最も信用があったというが[82]、その辛辣《しんらつ》さは時に批判の対象となった。映画担当記者には、『東京朝日』の津村秀夫(「新映画評」は筆名Qで執筆)、『都』の小林猷信《こばやしゆうきち》、『読売』の沢村勉《さわむらつとむ》のように映画評論家としても活動していた者もいた[83]。

また、『改造』、『中央公論』、『文芸春秋』など、高学歴者向けのいわゆる総合雑誌にも映画評論家や識者による映画関係記事がときどき掲載された。

以上のような言論媒体や人々によって、映画に関するさまざまな話題が議論され、それが文字となって流通し、映画に関する社会の認識がつくられていたのである。

ところで、「広告」という言葉が出てきたので、映画興行の広告宣伝はどのように行われていたのかもみておこう。現在のように民間放送はないから、映画館の前や街頭に貼り出したり路面電車やバスの車内に掲げるポスター、新聞や雑誌の広告といった印刷媒体が中心となった。新聞広告は時に紙面の半分を占める大広告となったり、逆に小さな広告を連日繰り返したり、他の業種の企業とのタイアップ広告もあり、街頭に貼り出すポスターは下部に無料入場券がついている場合もあった[84]。

その他、主題歌や挿入歌のレコードの先行発売[85]や、映画館近辺で割引券を配布したり飲食店に割引券を置いてもらうことや街頭にアドバルーンを上げることもあった[86]。あの手この手の宣伝合戦が繰り広げられていたのである。現在では当たり前の映画館での予告編の上映は、洋画では盛んであったが、邦画ではそれほど重視されていなかったようだ[87]。

なお、一般愛好家向けの雑誌の一部や『キネマ旬報』には投書欄が設けられていたが、投書の大部分は特定の俳優への熱烈な心情の吐露か、映画評論家予備軍的な、芸術批評的な文章がほとんどで、自分を特別な存在とみなし、一般の観客を無視するか見下す立場で書かれているので、社会現象としての映画を考える手がかりとなるような文章は少ない。

（1）「映画館景況調査」（『キネマ旬報』六一七、一九三七年七月二一日、以下『キネ旬』六一七、三七・七③と略す。丸数字は旬刊誌の場合発行日の略記で、①が一日、②が一一日、③が二一日）一三二～一三三頁。以後、興行状況は特に断らない限りこの連載記事（以下「景況」）による。注の煩雑さを避けるため、原文を引用する場合以外は「景況」の注を略す。

各作品の基本事項は『キネマ旬報別冊　日本映画作品大鑑』全七冊による。本文献は、敗戦までに日本で封切られた劇映画の全作品（洋画を含む）とその他の種類の映画の一部について、基本事項（製作・配給会社、スタッフ、配役、封切日、封切劇場、内容の種別、『キネマ旬報』『映画旬報』におけるあらすじ紹介と批評の掲載号数、一部作品には簡単な解説も）を封切年月日順に掲載し、当該期のキネマ旬報ベストテンの結果や映画業界の人々の回想を付した、一種の作品辞典である。六（一九六二年）が一九三三年から三七年まで、七（同年）が敗戦までを扱っている。以後いちいち注記せずに利用するが、一部の作品や項目に記載漏れや誤記もあるので、他の文献で適宜補足・訂正の上利用する。

また、人物の経歴は、原史料に記載されている場合を除き、特に断らない限り、一般の人名辞典のほか、『キネマ旬報別冊　日本映画監督全集』（一九七六年）、『キネマ旬報別冊　日本映画俳優全集』（男優編一九七九年、女優編一九八〇年）、『昭和十六年映画年鑑』所収の「日本映画人名鑑」による。

（2）　佐藤忠男『日本映画史』第一巻（岩波書店、一九九五年）三二二～三二五頁。

（3）　映画伝来以後、この時点までの日本映画史の概略は田中純一郎『日本映画発達史』第一巻～第二巻、第五巻（中央公論社、一九五七～八〇年）掲載の年表、前掲佐藤書第一巻と、第四巻掲載の年表参照。

（4）　『日本映画作品大鑑』七、小林信彦『和菓子屋の息子』（新潮社〈新潮文庫〉、一九九九年、原著一九九六年刊）七七～七九頁など参照。

（5）　以下、一般的な統計は、東洋経済新報社編刊『完結昭和国勢総覧』全四巻（一九九一年）、日本統計協会編刊『日本長期統計総覧』第五巻（一九八七年）による。

（6）　以下、二〇〇一年現在の統計数値は、日本映画製作者連盟発表の数値による。

（7）　「全世界の映画館数八万九千余、日本は第八位」（『キネ旬』六四六、三八・五③）三二頁。

（8）　不破祐俊『映画法解説』（大日本映画協会、一九四一年、奥平康弘監修『言論統制文献資料集成』第一四巻、日本図書センター、一九九二年に復刻）四頁。

（9）　「座談会　映画と教化」（『映画評論』三七年七月、

以後『映評』）四八頁。
(10) 各年の『検閲年報』の「全国映画観覧者数調」参照。
(11) 「農村娯楽物調査」（『昭和九年映画年鑑』）一二二〜一二四頁。
(12) 竹山昭子「放送」（南博・社会心理研究所『昭和文化』勁草書房、一九八七年）三三〇〜三三一頁。
(13) 倉田喜弘『日本レコード文化史』（東京書籍〈東書選書〉、一九九二年、初版一九七九年）一八三、一九八頁。
(14) 以下、この問題については永嶺重敏『モダン都市の読書空間』（日本エディタースクール出版部、二〇〇一年）による。
(15) 『検閲年報』三八年版六頁。事実上初の本格的な外国人向け輸出用劇映画である日独合作の『新しき土』（日本封切三七年二月四日）については、NHKドキュメント昭和取材班編『ドキュメント昭和四トーキーは世界をめざす』（角川書店、一九八六年）を参照。
(16) 前掲田中書第二巻三四四頁。
(17) 前掲『ドキュメント昭和』八五〜八六頁。
(18) 「映画界検討匿名座談会」（『キネ旬』五八六、三六・九①）五八頁。
(19) 「景況」（『キネ旬』六三六、三八・二②）一一六頁。
(20) 「地方通信　富山市」（『キネ旬』六八一、三九・五月③）九九頁。この種の事例は「映画館景況調査」や「地方通信」で頻繁にみることができる。
(21) 「設置者、学校種別在学者数—旧制」（前掲『日本長期統計総覧』）二四一〜二四九頁。
(22) 前掲永嶺書第六章。
(23) トーキー初期までについては、山本喜久雄『日本映画における外国映画の影響』（早稲田大学出版部、一九八三年）、トーキー時代についてはとりあえず、根岸洋之企画構成『唄えば天国』天の巻（メディアファクトリー、一九九九年）所収の佐藤利明「ジャズ小唄はトーキーの挿入歌だった」、内藤篤「ニッポンのバズビー・バークレー映画！」などを参照。
(24) 「興行価値を放談する」（映画人の座談会）（『キネ旬』七〇六、四〇・二②）一九頁。
(25) 河合国子（栄治郎未亡人）「亡き夫を偲ぶ」（『河合栄治郎全集』月報十一、社会思想研究会、一九六七年）四頁。
(26)　色川『ある昭和史』（中央公論社〈中公文庫〉、一九七八年、原著一九七五年刊）八〇～八一頁。
(27)　「検閲の窓から」一（『新映画』四一年七月号）五六頁。
(28)　筒井清忠『日本型「教養」の運命』（岩波書店、一九九五年）第一章～第三章。
(29)　「地方通信　船橋市」（『キネ旬』六七五、三九・三③）一〇一頁。「地方通信　仙台市」（同六八四、三九・六③）一〇一頁にも類似の事例が紹介されている。
(30)　前掲佐藤書第一巻四〇頁。
(31)　「昭和十三年度映画界総決算　業界」（映画評論家の座談会）（『キネ旬』六六七、三九・一①）一一四頁。
(32)　小林猷信「映画界近時側面観」（『キネ旬』六八四、三九・六③）九頁。
(33)　「警視庁令」（映画法施行細則）（『昭和十六年映画年鑑』）。これは一九四〇年一月制定であるが、付則の内容から、以前から同内容の法令があったと推定される。
(34)　三船清「無声映画時代の映画館（神戸）」（『講座日本映画』二、岩波書店、一九八六年）一九三頁、御園京平《みそのきようへい》「昔の映画館の中」一（同四）二七一頁。
(35)　東京市立目黒高等女学校教諭・東京府中等学校保導協会第三支部常任幹事手島仙造「女学生と映画の誘惑」（『日本映画』三八年一月、以下『日映』三八・一）一三九頁。
(36)　伊東秀一『あのころの映画思い出のプログラム』（私家版、一九八三年）六五頁。参考にしたのは一九四〇年八月、氏が旧制中学生時代の横浜の映画館での話である。
(37)　御園京平「昔の映画館の中」二（『講座日本映画』四、一九八七年）二九九頁、吉村昭「町の映画館」（同『東京の下町』文芸春秋〈文春文庫〉、一九八九年、原著一九八五年刊）三七～三八頁。これは、著名な歴史小説家である吉村氏が、氏の幼少年期（一九三〇年代）の東京の下町の映画事情と映画鑑賞の回想を記した文章である。
(38)　「景況」（『キネ旬』六一七、三七・七③）一三二～一三五頁。末端館の入場料一〇銭の事例として、一九三九年夏の段階での高松市、大分市、盛岡市があげられる（「地方通信　高松市」「地方通信　大分市」〈『キネ旬』六八三、三九・六②〉一〇一頁、「地方通信　盛岡市」〈同六八七、七③〉九七頁）。すべて後述の大都映画の上映館である。戦時景気によるインフレーション下の事例であるから、日中戦争勃発以前はこうした事例は珍しくなかったはずである。

(39) 物価の比較は、週刊朝日編『値段の明治大正昭和風俗史』上巻（朝日新聞社〈朝日文庫〉、一九八七年、原著一九八一年刊）参照。

(40) 前掲「座談会　映画と教化」四八〜五一頁。出席者は内務省警保局の舘林《たてばやし》三喜男《みきお》、文部省社会教育局の不破《ふわ》祐俊《すけとし》、東京日日新聞映画課長の伊東《いとう》恭雄《やすお》、東京朝日新聞映画班の大内《おおうち》秀邦《ひでくに》。舘林と不破は映画行政の担当者、後の二人は新聞社のニュース映画製作や映画事業の担当者。全員この件に関しての意見は大同小異である。また、社会学者権田《ごんだ》保之助《やすのすけ》「時局下の娯楽問題と映画の位置」（『日映』三八・一〇）もほぼ同様である。

(41) この点は、佐藤忠男『映画の真実』（中央公論新社〈中公新書〉、二〇〇一年）六〇〜六一頁の記述に示唆を得た。

(42) 武田雅朗「中華民国映画界概観」（『昭和九年映画年鑑』）一九六〜二二三頁、「世界映画国策調査資料」（同）三二一〜三五二頁。ドイツとアメリカの事例については、前掲『ドキュメント昭和』六三〜七六、八一〜八三、一四二〜一四四頁なども参照。

(43) 「映画選奨・其他」（『昭和十七年映画年鑑』）三―一頁。

(44) この建議案に関しては、前掲『ドキュメント昭和』一〇六〜一二〇頁。

(45) ピーター・B・ハーイ『帝国の銀幕』（名古屋大学出版会、一九九五年）四一〜四二頁、前掲田中書第二巻三八五〜三八六頁。映画統制委員会の活動状況は『検閲年報』一九三五年版（一九三六年発行）七七〜八四頁に、審議時の参考資料は『昭和九年映画年鑑』に掲載されている。

(46) 「財団法人大日本映画協会の設立」（『日映』三六・四、創刊号）四三頁。

(47) 大正一五年内務省令第五五号「活動写真『フイルム』検閲規則」第八条第二項、大正一四年内務省警保局発令第四三号「活動写真『フイルム』検閲規則施行ニ関スル依命通牒」第五項（市川彩編『日本映画法規類聚』銀座書房、一九二八年、奥平康弘監修『言論統制文献資料集成』第五巻、日本図書センター、一九九一年に収録）。
(48)　一九三七年版の『検閲年報』二〜三頁。
(49)　一九三五年三月の「東宝ブロック」成立以後、映画雑誌で各映画会社の作品や業績を比較する際、日活・松竹・東宝のいずれかを筆頭とし、新興・大都とつづき、全勝・極東を一括で扱うか、東宝を最も後発の会社と見て大都の後におく形がとられていた。日活、松竹を「一流会社」、新興を「二流会社」と明記した記事（前掲「映画界検討匿名座談会」七〇頁）や、あとの例であるが、「東宝、松竹、日活、といふ日本の三大映画会社」（津村秀夫「松竹映画論」〈『キネ旬』六七九、三九・五①〉一〇頁）という表現もみられる。
(50)　以下、東宝設立の経緯は、前掲田中書第二巻二二四〜二五六頁、東宝五十年史編纂委員会編『東宝五十年史』（東宝株式会社、一九八二年）一五五〜一七二、二八〇〜二八六頁。
(51)　「P・C・L製作首脳部と語る」（『キネ旬』五六二、三六・一①）二四三頁。
(52)　エノケン・ロッパについては矢野誠一『エノケン・ロッパの時代』（岩波書店〈岩波新書〉、二〇〇一年）、井崎博之『エノケンと呼ばれた男』（講談社、一九八五年）、エンタツ・アチャコについては秋田実『大阪笑話史』（編集工房ノア、一九八四年）、富岡多恵子『漫才作者　秋田実』（筑摩書房、一九八六年、平凡社〈平凡社ライブラリー〉、二〇〇一年）を参照。
(53)　森岩雄「笑ひの人気者榎本さん」（『エノケン一座』新緑号、一九三九年五月）二〇頁に、「いゝ、面白い映画の普及力といふものは大きいもので第三回作品『エノケンの近藤勇』が地方に上映された直後の話であるが、あの映画での近藤勇は足駄をはくと俄然強くなつて大抵の敵は斬り倒し、逃げてしまふといふギヤグがあつたが、これを見た地方の子供達が、ふだんの遊びにこの手を用ひて足駄をはくとその中の一人の子供が猛烈に強くなるといふ、笑へない報告が我々の手元に来た」と述べている。
(54)　「興行展望」（『映画旬報』六八、一九四二年一二月一一日、以下『映旬』）一〇三頁に、「由来エノケン物は婦人観客殊に若い女性ファンから毛嫌ひされる弱点を持つ代り、男子には老若の区別なく絶対的に吸集率がいゝ」とある。

(55)「主要日本映画批評」(以下「批評」、『キネ旬』五〇七、三四・六①)一〇七頁(村上久雄執筆)。

(56)四一年までの「景況調査」参照。

(57)以下、特に断らない限り、各社の業績は前掲『東宝五十年史』、『日活四〇年史』(日活株式会社、一九五二年)、『昭和十六年映画年鑑』による。東宝の場合、東京宝塚劇場㈱の映画館経営開始前の一九三四年下半期の収入が一二四万円で、その後も演劇分野の拡大が続いたこと、三七年下半期の東宝映画の興行収入が一八六万円であることから推定した。

(58)以下、この時期の松竹については、前掲田中書第二巻一七六～一七八、二八九～三〇九、三一六～三一七頁。

(59)合併後最初の三七年上半期の興行収入は一一〇〇万円弱であり、松竹キネマ最後の営業期である三六年下半期の興行収入は六〇〇万円強なのでこのように推定した。

(60)たとえば、前掲「P・C・L製作首脳部と語る」二四三頁参照。

(61)前掲佐藤書第一巻三四二～三四三頁。

(62)たとえば津村秀夫「松竹映画論」(『キネ旬』六七九、三九・五①)一〇頁。やや前のことになるが城戸自身もこの言葉を使っている(「プロデュサー検討城戸四郎座談会」〈『キネ旬』五二七、三五・一①〉一四三頁)。

(63)前掲「映画界検討匿名座談会」六二頁。

(64)大塚恭一「日本映画の一年」(『映評』三九・二)六八頁に「子供の為の見世物としての時代劇は亡びまい」とあるし、『キネマ旬報』の批評欄をみても、『鞍馬天狗』シリーズや大都映画の時代劇は同様の評価を受けている。

(65)以上、日活については前掲田中書第二巻二六一～二八九頁。

(66)前掲田中書第二巻一七九頁。

(67)同右三一六～三二二頁、第三巻四八～四九頁。なお、新興キネマについては、佐伯知紀「新興キネマ」(京都府京都文化博物館編刊『新興キネマの世界』一九九一年)が、田中書出版以後の文献も用いて新興キネマの映画史的意義について簡潔にまとめている。
(68)　清水晶「日活映画論」(『映評』三九・九)二四頁。
(69)　同右。
(70)　「昭和十三年度映画界総決算　業界」(映画界人の座談会、『キネ旬』六六七、三九・一①)一一八頁に、大都映画は「客が決つてゐる」とある。
(71)　前掲「映画界検討匿名座談会」七〇頁。
(72)　前掲田中書第二巻一九六頁。
(73)　「昭和十二年度映画界総決算　邦画」(『キネ旬』六三二、三八・一①)七九頁。
(74)　内藤誠『昭和映画史ノート』(平凡社〈平凡社新書〉、二〇〇一年)第二章、ノーベル書房編集部編『懐しの大都映画』(ノーベル書房、一九九二年)、前掲吉村「町の映画館」四〇、四二、四四頁。
(75)　当該期の『キネマ旬報』毎年元旦号の業界展望記事を参照。極東については、赤井祐男・円尾敏郎編『チャンバラ王国　極東』(ワイズ出版、一九九八年)、大都以下の三社については御園京平『栄光の三流映画』(活動資料研究会、一九七八年)九二頁も参照。
(76)　田中小実昌「ただやたらに映画を見た」(『講座日本映画』六、一九八八年)四一三〜四一四頁。
(77)　「映画雑誌一覧」「映画通信・新聞一覧」(いずれも三七年一二月調査)(『キネ旬』六三二、三八・一①)二二六〜二二七頁。
(78)　牧野守「日本映画雑誌変遷史」(『キネ旬』一一三五、一九九四年七月上旬特別号)二八頁。
(79)　伊藤隆・広瀬順晧編『松本学日記』(山川出版社、一九九五年)の伊藤隆「解題」、本文の一九三三年以降を参照。
(80)　右掲『松本学日記』、一九三三年一月一九日、三五年二月一五日、六月六日、六月八日、三六年一月一三日、七月三日、一〇月二二日の記事参照。なお、記事中に「ＰＣＥ」とある場合があるが、ＰＣＬの解読の誤りであろう。
(81)　「新聞映画欄匿名月評」(『日映』三八・六)七八頁。
(82)　同右(同右三八・八)一二二頁。
(83)　各新聞社の映画担当記者の名前は「新聞映画記者座談会」(同右)一三五頁参照。
(84)　これについては、前掲吉村「町の映画館」三八頁にあるほか、『キネ旬』六四三号(三八・四③)一一一頁の「入場税に伴ふ東京主要館料金改正の状況一覧表」の注に「ビラ下等の入場者には入場税の課税は要しない」とあることからも裏づけられる。

(85) 福田俊二・加藤正義編『昭和流行歌総覧』戦前・戦中編（柘植書房、一九九四年）と前掲『日本映画作品大鑑』を照らし合わせるとタイアップの事例が多数判明する。

(86) 街頭配布の事例は前掲吉村「町の映画館」三八頁、その他の事例は本文中で紹介する。

(87) 『検閲時報』の検閲記録には洋画の予告編は多数あるが、邦画は年に数本で、一流会社の超大作の一部に限られる。新興キネマは系列館で上映するニュース映画に予告編を挿入した時期があったが（前掲田中書第三巻二〇四頁）、他社ではなかったようだ。そもそも映画関係の諸文献に当時の邦画の予告編の話がまったくないのも、予告編が宣伝手段として軽視されていたことをうかがわせる。その他、スライドによる予告も行われていたようだが（『キネ旬』七三五、四〇・一二①一七一頁に「新春映画の予告に」という宣伝文句でスライド映写機の広告がある）、実態は不明である。

II 映画界の活況と映画法制定

1937年7月		洋画輸入制限開始
〃	8月	東宝映画㈱設立
〃	10月	国民精神総動員連盟結成
〃	12月	南京陥落
1938年9月		『愛染かつら』前後編封切
〃	10月	武漢三鎮陥落
1939年4月		映画法公布
〃	9月	第二次世界大戦勃発
〃	10月	映画法施行、『土と兵隊』封切
〃	11月	『愛染かつら』完結編封切

1　日中戦争勃発後の状況

日中戦争勃発の影響

日中戦争勃発前後における有料の映画観客数の推移を見ると、一九三五年までは微増であったのに、三六年約二億五〇〇〇万人(常設館約二億人、以下カッコ内同じ)、三七年約二億九〇〇〇万人(約二億四五〇〇万人)、三八年約三億四九〇〇万人(約三億六〇〇万人)、三九年約四億二〇〇〇万人(約三億七五〇〇万人)と急増した。映画館数も急増に転じ、三九年には二〇一八と二〇〇〇の大台に乗った。

その原因について、一九四一年度版の『映画年鑑』では、「日支事変ニュース映画(中略)に依つて吸収したものと思はれる一億五千五百万人の映画観覧者を、その後ニュース映画がそのヴアリユー(価値)を失つてからも尚ほ且つ映画人はその観客を失ふことなく、昭和十四年度に於ても尚ほその上更に六千万人の観客を吸引して居る(中略)勿論社会的好況の影響も多分に受けて居るであらうが」と、日中戦争当初のニュース映画の盛況、戦争開始後の好況、ニュース映画の観客を映画館につなぎとめた劇映画製作者の努力とする観察がなされていた(1)。

実際にはどうだったのか。注目したいのは全体の中に占める子供の割合の低下である。一九三七年では約五七〇〇万人で約五人に一人、三八年は六六〇〇万人で約六人に一人、三九年は七五〇〇万人でやはり約六人に一人。つまり、戦争勃発と同時に大人の観客が急増したのである。

初期の戦局

盧溝橋《ろこうきょう》事件はいったん収束するかに思われたが、第一次近衛《このえ》文麿《ふみまろ》内閣は四日後の一一日に現地への派兵を決定、七月末から本格的な戦争状態となった。八月一三日、戦火は上海《シャンハイ》に飛び火し（第二次上海事変）、政府は一五日に交戦目的を「暴支膺懲《ようちょう》」、つまり日本の好意を理解しない中国政府を懲らしめることであるとする声明を出した。日本政府は、数年来悪化していた日中関係を日本に有利な形で解決するために強硬策をとったのである。

今から見ればなんとも傲慢な態度であったが、日清戦争（一八九四〜一八九五年）で日本が清に勝利して以来、日本国内では中国蔑視が常識で、国民も大勢としてはこの措置に反対しなかった。ごく一部の例外を除き、軍人、官僚、政治家、知識人から庶民まで、日本が本

16　日中戦争

気を出せば中国がすぐに降参すると思い込んでいたのである。[2]

ついで政府は二四日に国民の団結心を高め、戦争に協力させるために国民精神総動員運動の開始を宣言し、一〇月一二日にはこの運動を推進するための組織として、各種の教化団体の協力を得て政府の外郭団体として国民精神総動員中央連盟を結成させた。

九月二日、政府は「北支事変」と第二次上海事変をあわせて「支那事変」と呼ぶことを決定し、その直後に開いた臨時議会では臨時資金調整法、輸出入品臨時措置法などの戦時立法が可決され、戦時体制作りが本格的にはじまった。「事変」と呼んだのは正式に宣戦布告するとアメリカの中立法の適用対象となり、アメリカから戦争に必要な物資(石油・くず鉄・工作機械など)を輸入できなくなるからである。

その間、大量の軍隊が中国に派遣され、特に上海では中国軍の精鋭部隊との苦戦が続いたが、一〇月末に上海郊外の要衝大場鎮を占領し、一一月はじめに上海近郊の杭州湾岸への奇襲上陸作戦が成功したためようやく日本軍が優勢となり、中国の首都南京《ナンキン》への攻略がはじまった。

日中戦争の映画への最初の影響は七月九日に大蔵省が外国為替管理法に基づいて業者に通告した洋画の輸入制限で、とりあえず向こう一年間劇映画の輸入が禁止された。[3] そのため当面は在庫品の封切や再上映で切り抜けることとなり、洋画専門館も四九に減少した。[4] ついで、八月二日、劇映画製作六社は「際物的」軍事映画は製作しないことと、以後製作する劇映画の冒頭に政府の制定する標語の字幕を入れることを決定した。[5] また、新興キネマの溝口健二《みぞぐちけんじ》監督の『拐帯者《かいたいしゃ》』や『薔薇合戦《ばらがっせん》』が、内務省《ないむしょう》の指示で、企画段階や脚本の段階で時局にそぐわないとして製作が中止されるという事態も起きた。[6]

ニュース映画の流行

ニュース映画は一九三〇年ごろから定期的に製作・上映されはじめ、このころは、主要新聞社や日本唯一の通信社で政府系の同盟通信社、アメリカの映画会社などが毎週製作し、それぞれ主要映画会社の配給網にのせて上映されていた。[7] ただし、ニュース映画専門館が多い東京の場合、劇映画上映館ではふだんは上映されていなかったようだ。[8]

「事変」ニュース映画は、七月一四日ごろから上映されはじめ、「非常時局を反映してニュースに対する一般大衆の関心強く〔中略〕活況」となった。[9] これに対し、「北支事変」を題材とした劇映画で最初に封切られた、日活《にっかつ》多摩川撮影所製作『国境《こっきょう》の風雲《ふううん》』(七月二八日封切)は「日活が逸早く製作したキワ物」と評されただけでなく、「予想外の平調」で、「北支事変の生々しいニュースが続々と上映され、これが最も幅を利かせて居る近頃では、作りものの戦争映画には客は以前の様に飛びつかぬ」といわれた。[10]

その後、「事変」関係の劇映画は年末までに一五本ほど作られ、検閲当局から『日本映画』誌上で粗製濫造による質の悪さを警告されたほどであったが、[11] ヒット作はなかった。観客にはニュース映画の迫力の方が魅力的だったのである。これらの戦争映画は、元寇《げんこう》を題材とし、検閲手数料免除を受けた[12] 松竹《しょうちく》下加茂撮影所製作の時代劇『敵国降伏《てきこくこうふく》』(一〇月一日封切)を除き、その内容や製作姿勢が政府から批判されていたのだからもちろん国策《こくさく》映画とはいえない。なお、この種の映画の質の悪さの原因について、芸術批評の観点から、「戦争に対する批判」が「加らない以上、芸術もなにもない」という意見が出ている[13](しかも雑誌に掲載されている)のは注目されるが、三八年に入るとこうした意見は見られなくなる。

不振の劇映画にかわり、劇映画上映館でも盛んにニュース映画を上映しはじめ、「日増し加はる戦時

17　浅草六区のニュース映画館

気分に、娯楽映画を従、ニュースを主とする観客が夥《おびただ》しく増加[14]」という状況で、九月第二週の東京では、寄席《よせ》や芝居、そして劇映画はいちじるしく不入りとなり、ニュース映画だけが盛況であった[15]。そのためニュース映画館に転換する劇場が続出したり、地方でもニュース映画館ができはじめた[16]。

しかし、一二月末には、「ニュース映画に国民的興奮を駆る素材がわるくなってきたのでニュース映画自体の人気も一段落[17]」となった。一二月一三日の南京陥落(なにかと話題となる日本軍の非行はこのときのこと)以後、国民の戦況への関心は一段落したのである。ニュース映画の流行は去り、その後太平洋戦争開戦までは三八年一〇月の武漢三鎮《ぶかんさんちん》の陥落時に一時的に人気が出た程度であった[18]。かわって劇映画に人気が戻りはじめた。

ただし、同時代を扱った劇映画の場合は、大部分の作品で、何らかの形で戦時体制や戦争に関するせりふや場面などが含まれるようになる。同時代を扱う以上は当然ではあるが、しかも、それらのほとんどは戦争に肯定的な形をとっていた。その最大の理由は、日中戦争初期に戦場となった地域に在住していた日本人への中国軍の残虐行為(通州事件)が報道されたりして中国の方が悪いという認識が新聞報道などで国内に広まったことであると思われる。同時代を扱う映画はこうした社会常識を前提として作られているのであって、これらの映画で国民に日本の正当性を説得するというようなことはない。だから、単に戦争に関する場面があるだけでは国策映画とみなすことはできない。

軍需景気の影響

三八年の正月興行は例年通りか例年以上の盛況で、札幌の場合、「軍需及農村の好景気によつて地方客が激増した[19]」。戦争による軍需増産を原因とする好景気（戦争景気）の影響が映画界に及びはじめたのである。ところが、封切館《ふうきりかん》の入りはあまりよくなかった。

内務省は戦時気分の引き締めのため、二月から一回の上映時間を三時間以内に制限したり、ダンスホールの営業制限など、娯楽の統制に乗り出した。もっとも三時間制限は地方では十分に守られなかった[20]。さらに政府は戦費対策のための増税の一環として四月から映画入場料に一割の入場税を課し（二〇銭以下は免税）、課税分を値上げする映画館が続出し、日劇は税込み六〇銭に値上げした。そのため興行《こうぎょう》景気が沈滞したとも考えられるのだが、それでは全国規模で映画館入場者が増えていったこととのつじつまが合わない。

この疑問を解く手がかりを与えてくれるのが名古屋の状況である。「映画館景況調査」に名古屋の項が新設されたのは三月下旬からだが、その冒頭で名古屋の近況について、「近頃は軍需インフレで（中略）一般労働者階級に失業なしといつた盛況で、二流館、或は以下の三流館がお蔭を蒙つて不景気知らずであるのに、封切館は不関焉《かんせずえん》、それどころか物価高にオビえる月給取階級を主なる顧客としてゐる高級映画封切館は、面貌《めんぼう》は繕《つくろ》はねばならず成績は芳《かんば》しからず[21]」とある。

つまり、軍需景気の恩恵をこうむったのはインフレ率より収入増加率が上回った軍需産業の労働者たちであり、彼らはまず封切館より入場料が安い二番館以降の映画館に殺到したため封切館はすいていたのである。三八年一年間を通して、大都《だいと》、極東《きょくとう》、全勝《ぜんしょう》などが特に景気がよかったのも同じ原因によるとみられていた。(22)

もちろん、各映画会社がこのような状況に手をこまねいていたわけではなかった。右の三社は別として、それぞれ客を呼ぶために一層の工夫を凝らしはじめたのである。

各社の営業努力―東宝

東宝《とうほう》は、三七年一一月に松竹時代劇映画の看板俳優であった林《はやし》 長二郎《ちょうじろう》を引き抜いた。女性客獲得のためであることはいうまでもない。よく知られているように、林は芸名を松竹に返して本名の長谷川一夫《はせがわかずお》を名乗り、初出演作は撮影中に長谷川が暴漢に襲われたため製作中止となったが、五月一日封切の時代劇文芸映画『藤十郎《とうじゅうろう》の恋』で東宝映画初出演を果たした。以後長谷川は次第に娯楽映画と評されるような内容の作品の出演(もちろんすべて主演、入江《いりえ》たか子・山田五十鈴《やまだいすず》などが共演)が多くなり、それらの多くが良好な興行成績を挙げ、長谷川は東宝のドル箱スターのひとりとなっていく。

その他、子役スター高峰秀子《たかみねひでこ》主演の『綴方教室《つづりかたきょうしつ》』(八月二一日封切)のような芸術映画も封切興行成績の上位に入っているが、地方で人気を得ていたのは、エノケン扮するインチキ坊主が主人公の喜劇『エノケンの法界坊《ほうかいぼう》』(六月一八日封切)や、エンタツ・アチャコ主演で、柳家金語楼《やなぎやきんごろう》や、漫談家で俳優でもある徳川夢声《とくがわむせい》、「アーノネオッサン、ワシャ、カーナワンヨ」という決まり文句と奇怪な化粧と扮装で爆

18　『綴方教室』　豊田正子役の高峰秀子

19　『水戸黄門漫遊記』広告（『キネマ旬報』654、1938年８月）　左より横山エンタツ・花菱アチャコ・高勢実乗、右端に柳家金語楼

20　高勢実乗

発的な人気を博していた東宝専属の映画俳優高勢《たかせ》実乗《みのる》ら、演芸人・喜劇人が多数出演したドタバタ喜劇『水戸《みと》黄門《こうもん》漫遊《まんゆう》記《き》』（前編八月一一日、後編九月一七日封切）のような肩のこらない娯楽映画であった。

たとえば、大分市ではある大都系封切館が東宝系に転換したが、「館そのもの丶ファン即ち大都級のファンを逃すまいとして居る故か東宝映画にしてもエノケン、ロッパ、エンタツ等の映画が多く[23]」、別府市[24]や小樽市[25]でも似たような状況であった。

これらの喜劇スターのうち、高勢は東宝のドタバタ喜劇映画の大半に主に脇役で出ていたが、特に子供に人気があり、「アーノネノオッサン」などとあだ名され、浅草の映画館では決まり文句の場面になると館内の子供たちがそれをいっしょに唱えてげらげら笑うというほほえましい光景がしばしば見られた[26]。つまり、これらの喜劇映画は東宝の観客層を庶民、具体的には大都映画の愛好者と重なる男子小学生や労働者を中心とするそれに拡大する手段となっていたのである。

また、エノケンは、自身の一座とともに、映画は東宝、舞台は松竹と契約していたが、三八年夏に舞台でも東宝の専属となり、日本劇場で公演をはじめた。当時大都市部の封切館では前座の舞台公演（アトラクション）が流行していたが、このころの日劇は専属の管弦楽団と日劇ダンシングチームという専属の舞踊団があり、エノケン一座を加えた日劇の舞台公演の充実度は他をぬきんでていた[27]。そのため日劇は三八年夏以後盛況となり、「エノケン一座の実演はまさに圧倒的である。これが出てる間は絶対間違ひなく客は押し寄せる」[28]といわれた。こうして東宝の興行収入は三八年下半期には映画会社のみでは一年前の倍近い三八一万円、東京宝塚劇場㈱との合計では一年前の二割増と好調な業績を挙げた。

なお、「映画館景況調査」にはアトラクションについての記載もある。一般にはジャズや流行歌の演奏、漫才、映画俳優たちによる寸劇などが行われていた。長谷川一夫はそうした場合は日本舞踊を披露していたようだ。

東宝の国策映画の試み

一方、東宝は、この年『世紀《せいき》の合唱《がっしょう》』(四月二一日封切)と『牧場物語《ぼくじょうものがたり》』(九月一日封切)という二つの国策色の強い劇映画を作っている。

『世紀の合唱』は前年秋に政府の内閣情報部が国民精神総動員運動の宣伝のため、歌詞と曲を公募した官製の大衆向けの国策音楽(「国民歌」)の一つ[29]で、この種のものとしてははじめて大ヒットした「愛国《あいこく》行進曲《こうしんきょく》」の曲ができるまでを、作曲者で「軍艦行進曲」の作曲でも有名な元海軍軍楽隊楽長瀬戸口藤《せとぐちとう》吉《きち》を主人公にして描いた作品である。

瀬戸口が西洋の芸術音楽を最上の音楽とみなす人物として描かれており、かつ、「愛国行進曲」作曲公募に応募した動機が、戦時下の日本にはナチスドイツやムッソリーニ政権下のイタリアのような国民を奮起させる音楽が必要だという認識であるというふうに描かれ、劇中に「軍艦行進曲」、ナチス党やイタリアのファシスト党の党歌も流れるなど、劇中音楽の一部を海軍軍楽隊が演奏している以外は企画製作に官庁は関わっていないにもかかわらず、きわめて国民教化、戦意高揚的な色彩が強い。

21 『世紀の合唱』広告（『キネマ旬報』640、1938年3月）

この作品は『キネマ旬報』では「お手軽な際物『愛国行進曲』映画に優ること数段」(30)と比較的好意的に評されたが、官庁の推奨を受けず、興行的にもふるわなかった上、事実とあまりにも違うためこれを観た瀬戸口自身が激怒するという一幕もあった(31)。一方、新興《しんこう》の『愛国行進曲』(三月三一日封切)のように、上海戦での負傷兵の恋愛と結婚の物語で、肝心の「愛国行進曲」は最後に歌われるだけというタイトルとはかけはなれた「際物」作品の方はヒットした。

東宝の作品の方は内容の硬さとともに、主演の滝沢修《たきざわおさむ》が左翼演劇人のためか大衆的な人気のない俳優であったが、新興の方は主演に河津清三郎《かわつせいざぶろう》という専属の主演級スターを配していた。東宝は最初から洋画愛好者向けの国策映画をめざしたのかもしれないが、広く国民一般に国策を宣伝するような効果は期待できないし、官庁の推奨を受けなかったので国策映画とはいえない。ましてや新興の作品も国策映画とはいえない。

『牧場物語』は、戦地から帰還した負傷兵が悪人に取られそうになった戦友の牧場を守るという物語で、日本文化中央連盟が連盟の主義（「新日本主義」）を広める意図で企画製作した。三七年の一一月中旬から準備がはじまり、(32)原作は日本浪漫派の作家林房雄《はやしふさお》、音楽は山田耕筰《やまだこうさく》という豪華さであったが、暴力場面や男女関係に関する場面が検閲で大量に削除された上、内容的に相当の不自然さがあったらしく、「この映画ほど非難攻撃され酷評を受けた作品は近頃にない」という不評ぶり(33)で、興行成績もよくなかった。国策映画をめざしながら官庁の推奨も受けられず、国策映画にはなれなかった失敗作である。

各社の営業努力—日活・新興

日活立て直しのため、松竹は『鞍《くら》馬天狗《まてんぐ》』『右門捕物帖《うもんとりものちょう》』物で人気を得ていた時代劇チャンバラスターの

22　嵐寛寿郎

忠臣蔵
映画界空前絶後の大盛観現出！
豪華無双、絢爛極致の「忠臣蔵」映画最高峯篇！
日活更生記念
東西大合同總動員
春季超大作

23　『忠臣蔵』広告（『キネマ旬報』640、1938年3月）

嵐《あらし》寛寿郎《かんじゅうろう》(アラカン)を三八年一月に新興から日活に移籍させた。そこで日活は京都撮影所で『鞍馬天狗』物(日活第一作は三月一五日封切)をはじめとするアラカン主演のチャンバラ時代劇を製作しはじめるとともに、片岡《かたおか》千恵蔵《ちえぞう》・阪東《ばんどう》妻三郎《つまさぶろう》・アラカンの競演で『忠臣蔵《ちゅうしんぐら》』(三月三一日封切)を製作し、大ヒットした。現在、総集編がビデオ化されており、その人気ぶりを十分に理解することができる。

その一方で多摩川撮影所の作品では、日中戦争下初の本格的な戦争映画とされ、ベネチア国際映画祭出品作ともなった田坂具隆《たさかともたか》監督・小杉勇《こすぎいさむ》主演の『五人《ごにん》の斥候兵《せっこうへい》』(一月七日封切)、山本有三《やまもとゆうぞう》の有名な小説を文部省《もんぶしょう》との共同企画で映画化した田坂具隆監督の文芸映画『路傍《ろぼう》の石《いし》』(八月三一日封切)などが芸術的に高い評価を得、文部省推薦と内務省の検閲手数料免除を受けた国策映画でありながら、封切興行の成績も上々となった。

『五人の斥候兵』は男性客に圧倒的な人気があ

24 『五人の斥候兵』 左に小杉勇

ったようだが、『路傍の石』の場合をみると、封切で二週続映となった要因は、「一面には洋画払底による反響」、つまり洋画の輸入禁止により洋画愛好者が芸術性の高い邦画に目を向けたこと、「優秀なる映画の前には絶対に喝采《かつさい》を惜しまない現代観客の鑑識眼の向上」や、「封切に先達つて都下強力日刊新聞の悉《ことごと》くが筆を揃へて賛辞を贈つた事、封切中四日間に亘つて東朝〔東京朝日新聞〕紙上で本映画の座談会記事が連載されて愈々《いよいよ》名画としての真価に箔《はく》をつけたこと[34]」、つまり、有力新聞の好意的な記事、という三点が成功の要因とされたのである。

1938年　ヒット映画と優秀映画一覧

◇キネマ旬報ベスト10
①**五人の斥候兵**（日活多摩川　田坂具隆）文
②**路傍の石**（同上　同上）文
③母と子（松竹大船　渋谷実）
④上海（東宝　三木茂、記録映画）
⑤**綴方教室**（東宝　山本嘉次郎）
⑥鶯（東発・東宝　豊田四郎）
⑦泣虫小僧（同上　同上）
⑧阿部一族（東宝　熊谷久虎）
⑨あゝ故郷（新興東京　溝口健二）
⑩太陽の子（東発・東宝　阿部豊）

◇松竹興行収入ベスト5
①愛染かつら（9/15、上原謙、田中絹代）
②愛より愛へ（6/9、佐野周二、高杉早苗）
③日本人（12/1、上原謙ほか大船オールスター）
④風の女王（2/17、高杉早苗、佐野周二）
⑤出発（4/1、田中絹代、佐分利信）

◇日活興行収入ベスト5
①忠臣蔵（3/31、時代劇オールスター）
②**路傍の石**（9/21、小杉勇、片山明彦）
③続水戸黄門廻国記（10/13、時代劇オールスター）
④**五人の斥候兵**（1/7、小杉勇）
⑤髑髏銭（前7/31・後8/10、嵐寛寿郎）

◇東宝興行収入ベスト5
①水戸黄門漫遊記（前8/11・後9/18、エンタツ・アチャコ）
②**綴方教室**（8/21、高峰秀子）
③藤十郎の恋（5/1、長谷川一夫、入江たか子）
④清水次郎長（9/18、大河内伝次郎）
⑤エノケンの法界坊（6/21）

◇新興興行収入ベスト5
①母の魂（4/14、真山くみ子、浪曲広沢虎造）
②亜細亜の娘（11/17、逢初夢子）
③男の魂（5/12、河津清三郎、浪曲広沢虎造）
④森の石松（7/13、羅門光三郎、浪曲広沢虎造）
⑤人妻真珠（6/15、逢初夢子）

このうち第二点は、芸術映画でも本当に質が高ければ客が集まるという判断であり、こうした判断が以後の娯楽映画批判の根拠の一つとなり、さらには映画法制定の追い風となったことは疑いない。

しかし、東京以外の場合を見てみると、京都では、観客が多数集まった要因は、学校教員からなる教育映画連盟関係者や大学の映画研究会に鑑賞券を多数配布したことや、洋画愛好者が好評を聞いて集まったことであり[35]、後に北海道函館市や愛媛県松山市で上映された際は、学校の団体観覧を多数呼び込むことで観客を集めた[36]。つまり、全体としては、従来の観客の「鑑賞眼の向上」は事実誤認であり、洋画愛好者を積極的に誘致したり、教育の場に働きかけることで集客したのである。結局日活の興行収入は微増にとどまった。

新興は、五月四日封切の『怪猫五十三次《かいびょうごじゅうさんつぎ》』など怪猫物を続行する一方、三八年に入ると時代劇スターの羅門光三郎《らもんこうざぶろう》が極東から移籍し、三七年中ごろから大人気となった浪曲師の二代目広沢虎造《ひろさわとらぞう》(以下、単に広沢虎造と表記)[37]の代表作「清水次郎長伝《しみずのじろちょうでん》」の一節を広沢の浪曲(浪花節)口演を挿入して映画化したやくざ映画(股旅《またたび》物)『金毘羅代参《こんぴらだいさん》・森の石松《もりのいしまつ》』(七月一三日封切)が大ヒットし、東京撮影所でも、広沢の浪曲の挿入を売り物にした『母の魂』(四月一四日封切)が大ヒットしたため魂物がシリーズ化されるなど、新企画が当って観客が急増した。その結果、三八年下半期の興行収入は日活に迫る勢いとなった。

松竹『愛染かつら』の大ヒット

この年の邦画の中で最高の興行収入をあげたのは、松竹大船撮影所製作、田中絹代《たなかきぬよ》・上原謙《うえはらけん》主演のメロドラマ『愛染《あいぜん》かつら』前後編(九月一五日封切)である。

現在ビデオ化されている『愛染かつら』は、前後編と、後に作られる続編・完結編の見せ場に後編の結末をつけて一本分の長さ（一時間半）にまとめ、一九四〇年七月に封切った総集編で、前後編の物語は文献で確認するほかはない[38]。原作は新派劇の脚本や大衆小説で人気があった作家川口松太郎《かわぐちまつたろう》が『婦人倶楽部』に連載した人気小説[39]である。

物語は、上原謙扮する東京市（東京都は一九四三年から）内の大病院（津村病院）の院長の息子で優秀な小児科医津村浩三と、夫が病死し女児一人を抱えた未亡人で津村病院で看護婦として働く、田中絹代扮する高石かつ枝のすれ違い恋愛劇となっている。

浩三の医学博士号取得祝賀会の余興の際に知り合った二人が上野の愛染《あいぜん》明王堂《みょうおうどう》のかつらの木の前で愛を誓うが、浩三の家族に反対されたため駆け落ちを計画する。しかし、かつ枝の子供の急病のため失敗し、浩三の乗った列車をかつ枝が新橋駅のホームでぼうぜんと見送る場面に主題歌「旅の夜風」が流れ、京都や熱海なども舞台にして二人のすれ違いがはじまる。

25 『愛染かつら』 左より上原謙・田中絹代

かつ枝はレコード会社の作曲コンクールに当選したことから流行歌手に転身し、最後は彼女の看護婦時代の同僚たちの奔走で二人の誤解が解け、彼女の演奏会に浩三が現れ、二人の愛が再確認されて終わる。現在では「通俗的なメロドラマの典型的な作品[40]」、「わが国の映画に現われた最初の〝すれちがい劇〟[41]」などといわれている。

『キネマ旬報』では「前編の方がまだしも見られる。後編は御都合主義な駆け足が事件の推移の目先き丈の興味さへも喰つてしまつた」という酷評ぶり[42]であったが、封切興行は二週続映となった上、「一本で三人前位稼いで居る」[43]という好成績を挙げ、地方でも大人気となった。[44]演劇も含めた松竹の三八年上半期の興行収入は一〇七一万円で、三七年下半期より約七〇万円の減収であったが、下半期には一挙に二〇〇万円以上増えて一二八二万円となった。『愛染かつら』の人気ぶりがよくわかる。「〽花も嵐も踏み越えて」という歌い出しの「旅の夜風」も大ヒットし、全国津々浦々で人々が口ずさんだ。

ある映画評論家は三九年六月に『キネマ旬報』に載せた文章で、やや批判的な筆致でその人気ぶりを次のように描いている。[45]執筆されたのは続編が封切られた頃と思われるが、続編はまだ地方では上映されていないので、話題になっているのは明らかに前後編である。

> 「愛染かつら」は良く稼いだ。映画とは縁の遠い山の温泉町でさへ、宿の女中達は「愛染かつら」の話に花を咲かせ、またあの低調極まりなき主題歌は、「愛馬進軍歌《あいばしんぐんか》」や「日の丸行進曲」等と同程度の浸潤《しんじゅん》性を以て、遠く僻村《へきそん》の女達の口にまでのぼつてゐる。

文中の「愛馬進軍歌」は陸軍省馬政局《りくぐんしょうばせいきょく》が、「日の丸行進曲」は大阪毎日新聞社が制定した国民歌である。『愛染かつら』がいかに庶民層の若い女性たちの絶大な人気を得ていたかがよくわかる。母親や姉に付き合って観に行った子供たちも「旅の夜風」を学校でまで口ずさみ、教師たちが苦笑していた。[46]物語が気をもませる展開である上に、看護婦や流行歌手など当時の女性にとってあこがれの職業や有名観光地が登場し、しかも主人公の女性が不遇という設定であり、当時の現代物の劇映画としてはめずらしく戦争のにおいがしないなど、今から見れば大ヒットする要因はそろいすぎていたともいえる。[47]

しかし、当時の新聞、雑誌などで見る限り、他のトリ作品（番組の最後に上映する価値のある作品という意味の当時から使われていた用語。それ以外は添物《そえもの》といわれた）と比べても特に盛大な広告が行われたわけではなく、この前後編は、『婦人倶楽部』連載のすべてを映画化しており、一応安心できる結末になっているので、最初から続編を作る予定ではなかったことがわかる。したがって、続編が作られることになったのは松竹自身にとっても予想以上の大ヒットとなったためである。

以上のように、日中戦争による軍需景気がはじまり、映画業界は娯楽映画を中心に、多彩な作品を作って観客のさらなる獲得にしのぎをけずりはじめた。一方で国策映画あるいはそれに類する作品も若干作られたが、(48)高学歴層から好評を得ることはあっても大衆的な人気を得ることはなかった。

当局の警告

娯楽映画の盛況に対し、すでに見たように映画論壇はどちらかというと批判的であったが、検閲当局は映画評論家たちとは異なる理由で批判的であり、具体的な措置を講じはじめた。七月二〇日付の『東京朝日新聞』朝刊四面には、三段抜きの「検閲当局の眼は光る！　時局を忘れた映画　いよ〳〵取締方針の峻厳《しゅんげん》化」という見出しで当局の意向が詳しく報じられた。

すなわち、『藤十郎の恋』など、松竹・新興・東宝・大都の九作品は内容が「時局」に合わないので冒頭に戦時標語を付する価値なしとされ、二一日封切予定の日活製作『楽天公子《らくてんこうし》』は「日本軍人精神を冒瀆《ぼうとく》するものとして一部改作を命ぜら」れた。

同じ紙面には内務省で検閲を担当する渡辺捨男《わたなべすてお》事務官による、一連の措置の理由や、これからの映画製作への要望に関する談話が掲載された。

渡辺は、「日本映画は外国映画と違ってお互に話合いの上で改訂させる方針」であるとした上で、各社の作品には「まだ〳〵時局の認識に欠けてゐる点が沢山あ」るので、「日本人の国民常識にピツタリ当てはまつたもの」を求め、さらに「最近でも恋愛中心の映画がかなり多く〔中略〕実に軽薄な女性が沢山登場して来」るが、「社会があり親兄弟があり経済生活があつて始めてほんとの義理人情がある」ので、「立派な銃後生活を取扱つた映画を作つてもらひたい〔中略〕興行性からいつて一応の妥協は許されるとしてももう少し啓蒙的な健全な映画の出現を望む」と締めくくった。要するに、戦時下にそぐわない不真面目な映画が多すぎるという警告を発したのである。

松竹の城戸四郎《きどしろう》は二六日に「恋愛中心映画」の廃止を声明した。その要旨は、「映画は単なる国民大衆の娯楽であるばかりでなく同時に教化《きょうか》指導芸術の使命を持つ」ので、「今や長期戦時体制下の時局に当り〔中略〕恋愛中心映画を廃して健全なる国策の線に沿ふ指導的社会教化と娯楽性、芸術性を強調」し、「緊張時に於ける唯一の慰安《いあん》をはかり、来るべき活力素たらしめん(49)」というものであった。

一応警告に応じた形とはなったが、その後封切られた『愛染かつら』の続編は、娯楽性はあっても芸術性にも国策順応性にも欠けるとみなされていく。実際には城戸は政府の意向を無視したのである。

また、盛んに作られていた股旅物も、主人公であるやくざが社会性に欠けている場合が多いと判断されたらしく、検閲当局が製作の自粛を映画会社に要請し、多少実施された(50)。

このように検閲当局は取り締まりを強化しはじめたが、完成した映画の検閲以外の措置は法的根拠がなく、松竹のように事実上当局の要望を無視する場合もあった。しかし政府は手をこまねいていたわけではない。映画法の制定作業をすすめていたのである。

2　映画法の制定

映画法制定の動き

一九三九年四月一日に公布され、一〇月一日に施行された映画法は、日本初の文化立法といわれたが、現在では映画事業を強力な国家統制のもとに置き、映画製作の自由をほとんど失わせたとして悪名高い法律となっている。しかし最近、この法律は映画製作への国家の直接介入を意図したものではなかったという研究も現れている。(51) 実際のところ、この法律はどのような役割を果たしたのだろうか。

映画法を制定しようという動きは、Ｉで見たような事情から一九三〇年代中ごろにはじまった。一九三五年九月、内務省警保局《けいほきよく》警務課の若手キャリア（有資格者）官僚で映画検閲を担当していた舘林三喜男《たてばやしみきお》が映画法制定を決意し、課内の会議で提議したが、その構想は映画統制委員会の議論内容と重なるところが多かった。しかしこの時は課内に慎重論が多く、沙汰やみになった。(52)

映画法制定の動きが再び表面化したのは三八年春のことである。中国の首都南京の陥落後も日本側の対応のまずさで戦争は終結せず、長期化の様相を呈しはじめ、有名な国家総動員法が帝国議会で紛糾の末制定されたころであった。原案作成の中心となったのは舘林で、青少年の教育にかかわる問題もある

ため、文部省社会教育局の若手キャリア官僚で映画教育行政を担当していた不破祐俊《ふわすけとし》も舘林の要請で立案作業に参加した。(53)

立案担当者の意図

舘林は『日本映画』誌上でたびたび映画法の必要性を述べているが、その中で最も早いのが、一九三八年五月号に掲載された論文「映画統制の精神」である。その中で舘林は、「国民が各々其の指導原理を一元的に把握するとき、〔中略〕我国の対支政策、進んでは世界政策が其の勝利を占める〔中略〕国家は何よりも先《ま》ず国体精神を中心とする国民の精神的統一へ、日本的指導原理の一元的把握へと、其の持つ文化機関の全機能は集中しなければならぬ。〔中略〕映画は、其の持つ威力の絶大なる故に、国民の思想的団結の強化のために、思想政策の一翼として、最前線に積極的に動員されなければならない(54)」、すなわち、戦時下では映画は戦勝のための国民動員に活用されなければならないので国家統制が必要であると主張した。映画法の制定が本格化した原因は日中戦争の長期化だったのである。

この時代、戦時下の国家が文化領域に積極的に介入することはそれ以前から欧米でもみられたことで、それほど不思議ではなかった。第一次世界大戦を契機に戦争は軍人だけで戦うものではなく国民全員で戦うもの、つまり総力戦《そうりょくせん》ということになったので、戦時下となればすべての人や物は戦争の勝利に向かって役立たなければならないと考えられた。当然映画も例外ではない。第一次世界大戦の場合でも、アメリカ国民に向かって戦費調達のために戦時公債の購入を呼びかける国策色の高い映画『公債《こうさい》』をチャップリンが製作した例がある。

世論の反応

映画法の制定は一般に歓迎された。映画界では政府が業界を保護してくれる結果になり、企業経営上有利であるとか、良質の映画が作られるようになるのではないかという観点から賛成論が大勢であったし、監督など映画人にも映画の社会的地位の向上につながると考えて賛成する向きが多かった(55)。論壇の大御所的存在であった長谷川如是閑《はせがわにょぜかん》は、映画の芸術性向上を通して国民の資質向上を唱える観点、つまりI－1で見た岸田国士《きしだくにお》と同じ観点から映画法制定に賛成したし(56)、教育界も賛成であった。

映画は低俗文化というのが当時の一般的な認識であった以上、教育用の映画を学校で観せたり、文部省推薦映画を学校行事として観覧する場合を除き、学生あるいは生徒が映画館に行くことは学校側からすれば不良行為であった(57)。

そのため、映画館入場を禁止するか、保護者同伴時のみ許す学校が多かったが、映画館への児童生徒の入場を制限あるいは禁止する法令はなく、実際には教師の目の届かないところで多数の子供たちが映画館で映画を観ていた(58)。学校内での上映会では無声映画しか上映されないし、学校行事として映画館に行く場合もまじめな内容の映画が多いので、子供たちの足が映画館に向くのは当然であった。

『映画教育』誌が三八年一〇月号と一一月号で教育関係者と舘林や不破ら立案担当者や学識経験者（娯楽研究の専門家である社会学者権田保之助《ごんだやすのすけ》）を集めて行った「映画法と映画教育座談会」は、教師が映画法に何を期待していたかがよくわかる史料である。

すなわち、教師たちは、映画法で中学校低学年までは原則として映画館入場禁止とし、かわって児童向きの良質な映画を多数製作し、児童が外出できる時間帯に映画館で上映することや、土日に映画館以外の公共施設でもそれらを積極的に上映するよう定めることなどを希望していた。低俗文化を児童生徒に触れさせないようにするには学校側の努力だけでは無理で、国家の支援が必要であるとし、映画法にそれを期待したのである。

映画法の内容

映画法案は三九年三月九日、衆議院で審議がはじまった。政府の提案理由は、映画は国民の娯楽として最重要の位置を占めているだけでなく、国民教化・国策宣伝にも顕著な機能を発揮しうるので国家的意義は重大であるが、現状では過当競争となっているため劇映画が粗製濫造され、質の低下を招いている。そこで、国民文化の進展のため国家の介入によって映画の質的向上を図るというものであった(59)。

要するに、低俗文化の一つであった映画を推奨されるべき文化にしようという趣旨の法律であったが、国民文化の進展という点に着目すると、単に個々の国策宣伝というだけでなく、映画を通じた国民の質の向上という主張が含まれていることがわかる。これは言い換えれば映画を国民の教養を高める手段にしようという教養主義的な主張といえる。

映画法は国民文化の進展のために映画の質的向上を図ることを目的とし(映画法第一条)、細部は映画法施行令と映画法施行規則で定めた。それらの要点をまとめると(60)、映画事業(製作・配給・興行)の政府による許可制と従業者の登録制、外国映画の輸入制限、優秀映画への報奨、文部省認定の文化映画の映画館における強制上映、内務省による従来の完成後検閲に加えて撮影開始前の台本の事前検閲、文部省による認定映画(一般用映画)上映時以外の六歳以上一四歳未満の年少者の映画館入場禁止(この措置は四〇年一月一日から実施）などである。国家が映画事業全般に広範に介入できる内容となっていたのである。

このうち劇映画の製作、上映にかかわる内容をみておくと、まず、内務省の検閲基準は、皇室や日本国家の冒瀆《ぼうとく》、政治混乱を助長する思想の鼓吹《こすい》、公益の阻害、公序良俗の阻害という従来の基準に加え、国語を乱す恐れ、製作技術の顕著な拙劣さ、「其ノ他、国民文化ノ進展ヲ阻害スル虞《おそれ》アルモノ」という三点が追加された。

次に、一般用映画とは、内務省の検閲を通過した映画について、日本史上の事実への判断を動揺させないか、国定教科書の内容と相違しないか、目上の人物への尊敬を失わせないか、年少者の犯罪を誘発しないか、残酷さや殺伐な気持ちを持たせないか、著しい恐怖や嫌悪感を持たせないか、過度に感傷的ではないか、恋愛感情を挑発しないか、空想や好奇心を過度に刺激しないか、その他教育上支障ないか、という一〇項目の基準から年少者の教育上支障ないと文部省が認定した映画で、それ以外は非一般用映画とされた(61)。これはあくまで有害ではないということで、児童生徒に積極的に奨励したい場合は文部省推薦映画に指定することとされた。

帝国議会での議論

映画法案の審議過程における議論を見ると、三九年三月九日の衆議院本会議における映画法第一読会で村松久義《むらまつひさよし》（民政党《みんせいとう》）が、国民精神総動員運動の際の「百回ノ講演会ヨリモ、一本ノ『フイルム』コソ、偉大ナル力ヲ発揮スル(62)」と述べたように、映画が戦時下の国民の精神動員、教化に極めて効果的であるという基本認識は議会と立案者で一致していた。

しかし一方で、「極端ニ国策ヲ映画ニ盛リマシタ為ニ、結局映画ガ国民カラ遊離シテ、映画国策ガ失敗ニ帰シタト云フヤウナ例ガ、往々外国デモアア」り、「何ト致シマシテモ映画其モノガ娯楽ヲ主トシタ芸術デアリマスルカラ、其ノ特質ヲ軽視致シマスルトマルデ逆ナ結果ヲ来ス」[63]と、映画の主な機能が娯楽であるという前提から、国民の精神動員における映画への過信を警告する趣旨の意見も複数出た[64]。政府も原則的にはこの意見に同意し、その点の克服は最終的には映画製作の当事者にゆだねる他はないという姿勢を示した[65]。

なお、審議の過程で三月一八日に衆議院本会議で可決された際、六つの付帯決議がつけられた。その中には政府に対しより積極的な「映画国策」の樹立や、映画行政機構の統合刷新を求めたり、映画に対する内務省など担当官庁の処分に対する異議申し立て機関の設置を求めるなどのほか、一四歳未満の観覧制限について「社会ノ実情ニ反セザルヤウ適当ニ善処スベシ」という項目がある[66]。その意図については、衆議院の委員会審議の最終日(三月一七日)に社会大衆党《しゃかいたいしゅうとう》の田原春次《たはらはるじ》が次のように述べている[67]。

すなわち、東京の場合、丸の内で映画を観るような人々なら(裕福だから)子供を家の子守に預けられるだろうが、「中産階級以下」の女性は「子供ヲ自宅ニ残シテ来ル」のは「到底出来ナイ」という実情に配慮することを求めたのである。つまり、映画が庶民の娯楽であることに着目した上での注文だったのである。

こうした異議申し立て機関の設置の要求や年少者観覧制限規定の運用への注文などには、国民の代表としての議会政治家の立場がよく現れている。ただし異議申し立て機関は設置されず、年少者観覧制限の件に関しても、映画法公布の際に教育界はむしろ厳格な実施を求めており[68]、付帯決議がどの程度実現するかは予断を許さなかった。その行方はⅢ以下で見ていく。

また、映画館の都市偏在という現状をふまえ、政府に農山漁村における映画観覧の機会を増やすことを求める声も強かった(69)。その後、元農相で産業組合中央会(現在の農協の前身の一つ)会頭の有馬頼寧《ありまよりやす》の提唱で農林水産諸団体によって三九年一一月に社団法人農山漁村文化協会が設立され、同協会は事業の一つとして東宝の協力で農山漁村への映画による国策宣伝と娯楽の提供を開始した(70)。

政府と議会の意志がおおむね一致し、比較的すんなりと原案が可決された原因として、舘林ら担当官以外の政治家や官僚の大多数がほとんど映画を見に行ったことがなく(71)、映画に関する知識に乏しかったため舘林や不破などの根回しに説得されたこと(72)、映画会社の経営者たちは映画法を映画業界の保護に役立つとして歓迎していたため、政治家たちに反対の陳情などは行わなかったこと、当時の帝国議会の勢力分布を見ると、貴族院は華族や高級官僚出身で政府(名目上は天皇)に任命された議員(勅選《ちょくせん》議員)が多く、衆議院も現在で言う保守系議員が多数派を占めていたなど、全体的に保守的な傾向が強く、当然映画のような若者中心の娯楽文化には警戒的になりやすいこと、選挙権は二五歳以上の男子に認められていたことから有権者層と映画観客の主力層の重なりが少ないことなどが指摘できる。

要するに、映画法の制定は、日中戦争の勃発や長期化により、国民の団結を強めること(国民精神総動員)が緊急の課題となったために実現した。ただし、従来映画が娯楽として国民に受容されてきたことをふまえ、過度の国家統制は逆効果であり、娯楽と教化の両立という課題の解決は現場にゆだねるというのが議会と政府の一致した見解であった。しかし実際には次第に映画の製作や興行への行政の介入が深まっていくことになる。

3　『愛染かつら』論争と映画法の施行

活況続く映画界

映画法の施行を一〇月にひかえたこの時期、映画界は相変わらず戦争景気による活況に沸いていた。東京の場合、一九三九年の正月興行の売り上げは三八年の正月興行の二、三割増し[73]となり、近郊のある場所では「某飛行機工場の増産計画により職工数激増し、遂最近迄不振をかこつてゐた映画館は、連日満員の上、入場料を値上げしても、尚観客の殺到を防ぎ切れない[74]」状況で、鳥取県米子《よなご》市でも、「映画街は軍需工場の素晴しい景気を受けて近年に無い好調をしめし」、人口四万人に五館が並立して「各館共宣伝戦に火華を散らし観客の吸引に大童[75]」であった。軍需工業が立地する広島県呉《くれ》市・岐阜市・佐世保《させぼ》[76]市のほか、神戸市・熊本市・横浜市・福岡県飯塚《いいづか》[77]市のような、交通の要衝や地方の中心都市、炭鉱地帯などでも同じであった。

『愛染かつら』論争

さて、映画法の制定が映画界に突きつけた問題を最もよく示すのが松竹大船撮影所の製作方針をめぐる議論である。先に見たように、大船撮影所で製作していた現代物の劇映画が松竹の主力商品であった。それらの大半は女性客の感情を刺激する内容で、メロドラマ映画、あるいは映画評論家から「催涙《さいるい》映画」という蔑称で呼ばれていた。

　特に映画評論家たちの批判の対象となったのが先に見た『愛染かつら』である。津村秀夫《つむらひでお》は映画法公布直後の論説で、この映画の大ヒットを「今更催涙映画の陳腐さ」と批判し、「日本映画は永い間『娯楽映画』といふ標語で押し捲《まく》つて来た。商売になる娯楽だけ与へたらそれでよい〔中略〕批評家の悪評など一笑に付して驀進《ばくしん》して来たのだが、今日の困難なる日本の社会情勢の裡《うち》に在つてそんなのほほんな態度では社会は見遁《みのが》してくれない」ので、東宝・日活などは模索しているのに、松竹大船撮影所の企画は「新鮮であるとは思へないし、積極的に日本文化のために働きかけようとする強い意志に燃えてゐるとも、どうしても思へない」と、映画法の立法趣旨を持ち出して松竹の製作方針を批判した[78]。

26　津村秀夫

　しかし、松竹は五月五日に続編『続愛染かつら』を封切った。津村病院が経営不振に陥り、浩三の父である院長が、資金援助を得るため、資産家の友人の娘でアメリカのプリンストン大学に留学中の中田未知子（桑野通子《くわのみちこ》）と浩三を結婚させようとするところから再びすれ違い恋愛劇が展開する。浩三とかつ枝の関係を知った未知子は結婚を辞退し、結末は、病院を閉じ、中国大陸の戦地に宣撫《せんぶ》班員（現地住民を日本に親しませる役割をもつ役職）として向かう浩三をかつ枝が見送るところで終わるという、続編を期待させる形となっていた。評論家からは「何を書いてゐるのかと反感が起る」などと酷評された[79]が、前後編を上回る人気となった。[80]

封切興行では、日劇を上回る座席数(三三〇〇余)を誇り、日中戦争勃発直前に完成し、それまで主に演劇やレビュー公演に使われていた浅《あさ》草《くさ》の国際劇場も使われたが、「東洋一を誇るさしもの国際劇場もこの三日間は殺到する観客を如何《いかん》とも収容しきれず、往来に雲集《うんしゅう》する群集整理に交通巡査までが臨時出張すると云ふ破天荒の好況ぶり」で、「当の松竹ですら開いた口が塞《ふさ》がらないかたち」[81]となった。しかもそれ以後の大船作品には大ヒットやヒットが続出し、「松竹邦画系統館は何《いず》れも有卦《うけ》にいつて不景気知らず」[82]となった。

たとえば、六月一日封切の現代劇『新女性問《しんじょせいもん》答《どう》』(主演桑野通子・三宅邦子《みやけくにこ》・川崎弘子《かわさきひろこ》)は、批評は『続愛染かつら』とか程には愚かしくなか

27　『新女性問答』広告（『キネマ旬報』682、1939年6月）

った」という程度であったが、同年の松竹興行収入第二位となった女性映画である。(83)

弁護士をめざす女子大生時代《ときよ》(桑野通子)、その姉で芸者として働いて妹の学費を出しているお葉《よう》(川崎弘子)、時代の女学校の同級生で不幸な結婚の末、夫を殺そうとして誤って夫の愛人となっていたお葉を殺してしまう路子《みちこ》(三宅邦子)が主人公で、時代は姉が芸者であることが女学校の同級生に露見して仲間はずれにされるが、刻苦勉励の末司法試験に合格し弁護士となる。同級生たちは芸者を蔑視したことを悔いて時代に許しを請い、時代は路子の弁護人となり、罪の軽減に成功するという筋書きである。当時はまだ珍しい女性弁護士も登場するが、恵まれない境遇の女性たちに同情的な内容となっている。これが興行収入第二位であることは当時の松竹の観客層がいかなるものかをよく示している。

こうした松竹の好調ぶりに対して、映画評論家たちはさっそく津村と同趣旨の批判を行った。(84)

城戸四郎の主張

これに対し城戸四郎は『キネマ旬報』誌上で次のように反論した。(85)「映画は常に大衆の物」なので、「大衆から離反される事なく、常に大衆より僅《わず》かに一歩先を進みながら、知らず知らずの中に大衆を指導教化すべき」である。なぜなら、「歴史の中の自己を発見するよりも、現実の中の自己をのみ認識して居る大衆には余りにもかけ離れた前進は自己の気持ちにそぐはない」が、「全然大衆と同じでは倦《あ》きられ」るからである。

若い女性を主な顧客としているのは、日本の美風である「家族中心主義」においては「母の指導と愛は絶対的」なので、「女性に正しき道義精神を植えつける」べきだからである。しかも、「真剣な母の態

28 城戸四郎

度を描いたもの」は必ずヒットするので、『愛染かつら』のヒットは当然である。

「批評家の好意を寄せる作品は大衆の絶対的支持を受けるものと成らず、悪評を受けたものが、素晴しきヒットを示す如き事実は大衆と批評家の離反の甚しき実例」である。批評家の「大衆作品に対する非難の声」は、「汗みどろ、血みどろに成つて国家の原動力として働く勤労生産階級から最も安易な唯一無二の娯楽を奪はんとするもの」であり、「大衆に健全にして明朗な娯楽と慰安を与へる事こそ明日への希望であり、国家を健全にする糧である」。

要するに、映画評論家の松竹批判は実効性に欠けるとし、基本的には娯楽性によって国民に働く意欲を取り戻してもらえば映画の国家的意義は十分果たされており、教化は漸進《ぜんしん》的に行うほかはないと主張したのである。

これに対し映画評論家水町青磁《みずまちせいじ》は同じ誌上で次のように再批判した(86)。映画が大衆のものであるのは確かだが、映画の発展は、儲けを考えない芸術活動としての映画製作の上に実現したのである。『愛染かつら』など大船撮影所の人気作品はスターの顔が写っているだけで道義精神は感じられない。それらが好評なのは、戦時景気で映画が好況となり、「何を見せても儲かる時代」であるために粗悪品でも通用してしまうからである。儲けることばかり考えて映画の芸術としての側面を忘れては、映画はいずれ零落するであろう。

松竹大船作品は道義精神など含まれていない儲け主義の粗悪品ばかりであり、これでは映画文化はやがて衰退するという主張である。たしかに、城戸の真の意図は道義精神云々ではなく別にあった。四一年一月の『映画旬報』創刊号の談話記事[87]で、城戸は「婦人客ほど有難いものはない。黙つて喜んで見て、見たら其映画のことを必ず友達に話す。宣伝して呉れるんです」と、女性が男性より動員しやすいという経験を披露している。つまり、城戸は松竹の映画事業参入時から映画に携わってきた長年の経験から、観客動員が容易な女性向け映画を製作していたのであり、道義精神云々の話は『愛染かつら』への批判や映画法を意識した議論であって、城戸の本心ではない。むしろ城戸の真意は、大衆は映画に娯楽を求めているので、基本的にはそうした大衆の要求に応じていくというものであろう。[88]

そして、水町の「何を見せても儲かる時代」という観察が誤りであることは本書のここまでの記述で明らかである。松竹としても常連客を確保し、さらにそれを増やすために試行錯誤を繰り返しているのであり、その一つの成果が『愛染かつら』だったのである。

しかしなお映画評論家の『愛染かつら』批判は強く、「スタアを中心に祭り上げ、そのスタア故に題材を跼蹐《きょくせき》し、表現を歪曲して、大衆の機嫌をとり結んだ、阿片的な作品」とし、「批評家は宜しく大衆を麻痺させる通俗映画製作者の責任を糾弾し、他方大衆に蔓延してゐる中毒症状の治療に努力しなければならない」という過激な意見もあらわれた。[89]

『愛染かつら』擁護論

私が見た限り、松竹の関係者以外でほぼ唯一『愛染かつら』物を明確に擁護しているのは『日本映画』三九年七月号の鴉生（上野《うえの》耕三《こうぞう》の筆名）「企画月評」である。(90) すなわち、『愛染かつら』や『続愛染かつら』の独特な魅力は「原始的な健康さ」である。

「健康さ」とは「近頃の恋愛映画の大半がそうであるやうな変に芸術ぶつたところや批評家の眼色をおづ〳〵窺つた素振りがみぢんもなく、真向から堂々と庶民の娘の夢―寝床のなかで毎夜のやうに彼女たちが空想する夢をスクリーンの上に実現してゐる点、つまり〔中略〕今日の流行語に従へば『非リアリズムの映画』である点」である。

なぜなら、「庶民はインテリみたいに変に頭の頂で懐疑したり人生に対して悲観的になつたりしない。〔中略〕客観的に見て如何に空想的非科学的であらうと、ともかく夢を孕《はら》んでゐる映画の方が〔中略〕むしろ彼らにはリアリスティツクなのである」。だから映画評論家が「まだ大衆のレベルは低い」と「大衆を軽蔑するなどとは飛んでもない」。

要するに、上野は、大ヒットの要因は『愛染かつら』が庶民の健全なものの考え方に比較的近いためであるとし、そうした状況を批判する映画評論家の考え方を不自然であると主張したのである。こうした考え方は以後映画雑誌に散見されるようになる。

この時期に近い例としては、日本浪漫派の作家の一人である亀井勝一郎《かめいかついちろう》の、「長谷川一夫のブロマイドを買ふ方が低級で、クラーク・ゲーブルを買ふ方が高級なのか〔中略〕東亜新秩序といふ理想があるが、黙つて死んで行くのは兵士のみである。我々の民衆のみである。彼らは『高級な文化』などといふものとは無関係なのである。映画を例にとると、彼らは所謂《いわゆる》『低級ファン』のひとりかもしれないのだ。しかし黙然たる捨身の前に、我々のいま答へつゝあるものは何か」という発言(91)がある。しかしこうした議論が論壇の主流となることはなかった。

このような芸術と娯楽の関係はこのころからしばしば議論が行われ、映画評論家たちは芸術的なものこそ娯楽性も高いことを論証しようとしたが、成功しなかった(92)。

結局、城戸は『愛染かつら』物の製作を続け、一一月一六日に『愛染かつら』完結編を封切った。歌手として慰問しながら浩三を捜すかつ枝が浩三と中国の戦地ですれ違いを繰り返したあげく、最後に結ばれるという筋書きである。

またしても、「度を越えた愚劣さ(93)」、「かつ枝が浩三のゐる戦線に慰問に赴いて逢へなかつたと言ふ丈で、一つの映画を作つてゐる関係者の心臓の強さは普通では無い」という酷評ぶりであったが、「先行の愛染かつら物の何れをも凌ぐ素晴しいヒット振り(94)」、福岡では「客席の七分以上が華やかな女客に占領されて、画面と共に泣き、笑ひ、溜息をつくのだから正に此の映

29　『愛染かつら』完結編　広告（『キネマ旬報』695、1939年10月）

画は魔物である」[95]というありさまで、もちろん三九年の松竹作品中最高の興行収入をあげた。

結局、松竹は、三九年下半期の興行収入は一九一七万円となり、一年前の一・五倍以上という他社の追随を許さない大増収を実現した。

新興キネマの製作方針

松竹の子会社である新興も映画法施行にあたって松竹と類似の製作方針を明らかにしていた。同社は三九年も好調で、なかでも注目すべきは、四月一三日封切の『阿《あ》波狸合戦《わたぬきがっせん》』にはじまる狸物がはじまったこと、人気漫才コンビのワカナ・一郎など吉本興業の演芸人を大量に引き抜いて新興演芸部をつくり、五月一八日封切の『お伊勢詣り《いせまい》』のような、従来は東宝の専売特許であった演芸色の強い喜劇映画の製作に乗り出したこと、そして羅門光三郎《らもんこうざぶろう》主演の清水次郎長物が連続して三本作られたことである。

三本の次郎長物のうち現在ビデオ化されているのは二本目の『次郎長裸道中《じろちょうはだかどうちゅう》』（二月二二日封切）だけだが、これを観ると、ヤマ場の乱闘場面の壮絶さから、この映画が男性向けとなっていることがわかる。

30 『次郎長裸道中』 左より二人目、羅門光三郎

併映の現代劇『紅痕《こうこん》』が、「御婦人方の話題を完全独占(96)」という宣伝文句からわかるように、従来から新興キネマの主な顧客とされていた女性向けの映画であったことを考えると、新興は男性にも観客層を拡げつつあったことがわかる。

ちなみに、『裸道中』という題名の由来は、旅の途中の次郎長一行が泊った次郎長の兄弟分の男の家が極貧で、男は歓待費を得たいがために一行の着物までつぎこんで賭けをするが失敗し、一行は裸で旅立つという場面である。旅立つ時に次郎長が男の歓待したいという心意気に感じて、「おいらは裸にさせられていながら、錦を着せられたような気がするよ」と言い残す場面は、観客の共感を得たにちがいない。

結局新興は、三九年上半期には三七〇万円の興行収入をあげて日活を抜いて業界第三位となり、さらに下半期には四五〇万円の興行収入をあげるなど、松竹・東宝に次ぐ成長ぶりを見せた。

新興東京撮影所情報部長岡田熟《おかだあつし》は、映画法施行下での製作方針として、半年間の調査で、自社観客層の九割は「生産戦士とその家族大衆」とわかったが、彼らは「一日の疲れと明日の活動のために、多少の文化的意義があるにしても、小うるさい、理屈っぽいクソリヤリズム映画などを見て、理論をしてるるヒマもない〔中略〕心から楽しめる面白い映画を、心易く気軽に見ることを求めて居」るので、「これ等の人々に対して、心からの慰安を贈って重大な生産使命を更に活気づける」のが「映画報国の基本」と主張した(97)のである。

東宝の製作方針

では、映画評論家から松竹よりはましとされた他社の動向はどうか。東宝では、時代物の喜劇『エンタツ・アチャコの忍術道中記《にんじゅつどうちゅうき》』(三九年一月四日封切)、広沢虎造や柳家金語楼を迎えた股旅物の喜劇『エノケンの森の石松』(八月一一日封切)、後半が人気流行歌手たちの日劇での演奏会となる『ロッパ歌の都へ行く』(一〇月一〇日封切)や、大石蔵之助《おおいしくらのすけ》に扮する長谷川一夫をはじめ東宝オールスター出演の『忠臣蔵』(四月二一日封切)、長谷川一夫・入江たか子主演の股旅物『越後獅子祭《えちごじしまつり》』(八月二〇日封切)など、演芸人や流行歌手を中心とした喜劇映画や長谷川一夫主演の娯楽時代劇が大ヒットしていた。

また、「満洲国」国営の映画会社満洲映画協会(満映)との初の共同製作により、「満洲国」を舞台とする長谷川一夫と満映の新人スター李香蘭《りこうらん》(日本人山口淑子《やまぐちよしこ》であることは敗戦後公表)(98)主演の恋愛劇映画『白蘭《びゃくらん》の歌』(一一月三〇日封切)を製作し、二週続映のヒットとなった。満洲移民を奨励する場面はあるものの検閲手数料免除にはならず、長谷川と李が扮するカップルの恋愛が主題の娯楽映画である。

一方で、第二次上海事変で一躍有名になった海軍の上海特別陸戦隊(上海に駐屯していた海軍の陸上戦闘用部隊)の戦闘ぶりを、海軍の協力を得て劇映画ながら迫力ある写実的表現で描き、検閲手数料免除となった『上海陸戦隊《シャンハイりくせんたい》』(五月二一日封切)のような国策映画ながら二週続映のヒットとなるような作品が製作された。ただし、『上海陸戦隊』のヒットは、同時に封切られた『エノケンの鞍馬天狗』との併映興行であったことは考慮しておく必要がある。また、ヒットはしなかったが、ケチな金持ち男が姪の感化で財産を軍用機製造費として献納する過程を喜劇仕立てにした柳家金語楼主演の『プロペラ親爺《おやじ》』(五月一一日封切)を製作するなど、様々な傾向の映画の製作を試みた。

その結果、東宝映画と東京宝塚劇場の二社合わせての興行収入は三九年上半期の約九七五万円から下半期には一一九二万円という急成長をとげた。各作品への映画評論家の評価は、『上海陸戦隊』以外は、

31 『エノケンの森の石松』広告（『キネマ旬報』687、1939年7月）

32 『ロッパ歌の都へ行く』広告（『キネマ旬報』693、1939年9月）

『ロッパ歌の都へ行く』を「低劣無ざん」と評するなど厳しいものであったが[99]、多様性を持った製作の姿勢は高く評価されていた[100]。

ただし、東宝の意図は、観客数が十二億人くらいになってはじめて映画が大衆娯楽といえるのでもっと観客層を拡大すべきであるという小林一三《こばやしいちぞう》の考えに基づき、「目新しくて、面白い」映画作りに努力するというものなので、一本につき最低五〇〇万人の観客動員を目標とした。そのため、「文学青年的な〔中略〕二千三千部刷つて居る同人雑誌へ小説を書いたり〔中略〕築地〔小劇場〕の芝居へ行つて感激して居る〔中略〕程度の芸術的な」脚本作りは困るという方針であった[101]。東宝も観客の多数派の好みを重視していたのである。

日活の『土』と『土と兵隊』ヒットの裏側

日活は、前年と同じく、多摩川撮影所製作の現代物の芸術映画二本(いずれも小杉勇主演)が映画界の話題を集めていた。小作農の一家の苦しい農村生活を題材とした長塚節《ながつかたかし》の写実主義小説を内田吐夢《うちだとむ》監督が時間をかけて映画化した大作『土《つち》』(四月一三日封切)、三七年秋の杭州上陸作戦の参加体験を題材とした火野葦平《ひのあしへい》の大ヒット小説を田坂具隆監督が長期の現地ロケで映画化した戦争映画の大作『土《つち》と兵隊《へいたい》』(一〇月一四日)が、芸術的評価に値する作品として新聞や映画雑誌の映画評で高い評価を受けた[102]だけでなく、検閲手数料免除も受けた。国策映画と認定されたのである。しかも、まじめな内容の割に多くの観客を集め、特に『土と兵隊』は封切興行五週続映という異例の長期興行を成し遂げ、三九年の日活封切興行成績の第一位となった。

33　『土と兵隊』広告（『都新聞』1939年10月2日付）

こうした日活の動向は、「商業的利益とともに、或はそれ以上に芸術的利益を考慮に入れた企画」[103]が実現できたためとされた。ただしその理由は、三八年三月に倒産するなどの経営の混乱で他社のように経営陣が映画製作に介入せず、映画製作の主導権が監督など現場の人々にあるためというのが業界の一致した見方であった[104]。

また、『土』のヒットを「現代観客の鑑識眼の向上」ととらえたり[105]、『土と兵隊』の大ヒットを『愛染かつら』や東宝の喜劇物は本当に大衆が求めている娯楽ではないことを示しているという評価もあったが[106]、「時局色」をヒット要因とする見方もあった[107]。

そこで興行状況を見ると、『土』の場合、東京での封切時に下町の歓楽街である浅草より高学歴者が多く住む山の手の歓楽街である新《しん》宿《じゅく》の方が成績がよいことが、「『土』に寄る観客層の質柄を明らかに物語つてゐる」[108]とされ、京都でも、「『土』そのものゝ底力ある感銘に打たれた知識階級人からの口頭宣伝力は、十二日間の興行に平均した順調な数字を示した原動力」[109]とされたことから、観客に高学歴層の洋画愛好者が多かったことがわかる。つまり、『路傍の石』と同じ事情によるヒットであった。

『土と兵隊』の場合は団体参観が大変多かった。たとえば、京都では傷痍《しょうい》軍人を招待したり教育関係団体の鑑賞に便宜を図るなど「奉仕的な興行」が行われ(110)、福岡では「市内の男子中等学校は全部見学した(111)」。さらに、この映画が、出征兵士を身近に持つ国民が知りたいと願いながら、ニュース映画ではうかがいきれない戦争の実情がわかるという点で好評を得たという指摘(112)もあったが、実際には、

観覧席の各所であくびや退屈さうな溜息が絶え間がなかつた。ところが、それにもかゝはらず、観客はさうした本音は棚に上げて、「いゝ映画だ」「面白かつたよ」などゝお互に吹聴し合つてゐるのである。あたかも、これらの映画を讃めることが教養の持主であることの証拠でもあるかのやうに。

と(113)、観客が知的な見栄を張っているためという指摘もあった。確かにこの二時間半を超える大作は、激しい戦闘場面か、延々と続く行軍場面ばかりで、あの津村秀夫さえ見終わって「著しき疲労を覚えたことを告白する(114)」ほどであった。

そもそも各紙の映画欄がこぞって好意的に評価した理由は、「この映画に感激しないやうな奴は、『画面の兵隊と共に歩む気持に』なれない奴で、『国民的』国民でないのだと怒られさう(115)」、つまり、批判をすると非国民扱いされてしまうためであった。つまり、この映画の大ヒットにはこの映画を芸術的・教育的にすぐれているとみなさなければならない「時局色」というべき特殊な事情があったのである。

しかも、『土と兵隊』は一九四〇年に入ると、文部省推薦・文部大臣賞特賞など映画法に基づく推奨措置を同法制定後初めて受けた(映画法に基づく推奨が遅れたのは官庁の映画法執行体制が整っていなかったため(116))。四〇年三月三〇日に文部大臣賞特賞を受けた際(117)、その理由が、「皇軍の力強い歩武を最も端的に表現した〔中略〕点に於て国民精神の昂揚《こうよう》にも資し、国家総動員態勢へ寄与するところも大きく〔中略〕聖戦《せいせん》を

34　『土』　左より風見章子・小杉勇

35　『土と兵隊』　手前に小杉勇

記念する国民的映画の一つである」となっているのはまさにこの映画の特徴を政府が最大限に歓迎していることが示されている。

なお同時に『土』も、松竹下加茂撮影所製作の現代劇『残菊物語《ざんぎくものがたり》』（三九年一〇月一〇日封切）とともに芸術性の高さを理由に文部大臣賞を受けた。

『残菊物語』は村松梢風《むらまつしょうふう》の小説を原作とし、歌舞伎俳優の芸道探求の過程を、新派の大物俳優（花柳《はなやぎ》章太郎《しょうたろう》）を主演とし、恋人との悲恋をまじえながら描いた大作で、三九年の松竹興行収入第四位という大ヒットとなった。検閲手数料免除を受けたことから国策映画と認められるが、作品中には主役のかけおちなど国策映画らしからぬ場面があり、小学校教員から教育上よくないという声もあがった（III－3参照）。映画法施行時の当局の模索ぶりがうかがえる異色の国策映画である。

いずれにしろ、『土』や『土と兵隊』のヒットは都市部にとどまり、三九年も日活の興行収入は下半期で三九二万円と微増にとどまり、新興に抜かれて第四位に転落した。

どのような映画がはやるのか

一〇月から非一般用映画の認定がはじまった。邦画で最初に認定された作品は、『エノケンの法界坊《ほうかいぼう》』、『エノケンのどんぐり頓兵衛《とんべえ》』など邦画六本、洋画一本であった[118]。『法界坊』は文部省によって映画法施行直前にすでに情操教育上一般用に認定できない事例に挙げられていた[119]。

たしかにこの作品ではエノケン扮する主人公は「インチキ坊主[120]」であるし、『どんぐり頓兵衛』の場合、エノケン自身が非一般映画に認定されたことについて「親を殺しちゃやね[121]」とあきらめているように、エノケン扮する主人公の頓兵衛は片思いした娘の父親を誤って殺してしまうのである。

以後年末までに洋画および旧作を含め二二本が認定された。その中には戦時中の映画とは思えない明るさで近年注目されている日活京都撮影所製作の喜劇音楽時代劇『鴛鴦歌合戦《おしどりうたがっせん》』（主演片岡千恵蔵、ディック・ミネ、一二月一四日封切）も含まれている[122]。おそらく、ディック・ミネ扮する殿様がニヤニヤ笑いながら「〽僕は陽気な殿様、家来共喜べ」とスイング調で軽快に歌いながら登場するのが、「目上の人物への尊敬を失わせる」とでも判断されたのだろう。この作品は封切時も好評で二週続映となり、封切興行

1939年　ヒット映画と優秀映画一覧

◇キネマ旬報ベスト10
①**土**（日活多摩川　内田吐夢）
②**残菊物語**（松竹京都　溝口健二）文
③**土と兵隊**（日活多摩川　田坂具隆）文
④兄とその妹（松竹大船　島津保次郎）
⑤上海陸戦隊（東宝　熊谷久虎）
⑥子供の四季（松竹大船　清水宏）
⑦暖流（松竹大船　吉村公三郎）文
⑧爆音（日活多摩川　田坂具隆）
⑨花ある雑草（松竹大船　清水宏）
⑩海援隊（日活京都　辻吉郎）文

◇松竹興行収入ベスト5
①愛染かつら完結編（11/17、上原謙、田中絹代）
②新女性問答（6/1、桑野通子、三宅邦子・川崎弘子）
③続愛染かつら（5/5、上原謙、田中絹代）
④**残菊物語**（10/10、花柳章太郎）文
⑤日本の妻（8/5、川崎弘子）

◇東宝興行収入ベスト5
①忠臣蔵（4/21、長谷川一夫ほかオールスター）
②ロッパ歌の都へ行く（10/10）
③越後獅子祭（8/20、長谷川一夫、入江たか子）
④エノケンのびっくり人生（38・12/29）
⑤エノケンの森の石松（8/11、柳家金語楼、浪曲広沢虎造）

◇日活興行収入ベスト5
①**土と兵隊**（10/14、小杉勇）文
②王政復古（3/30、時代劇オールスター）
③清水港（7/13、片岡千恵蔵、広沢虎造）
④**土**（4/13、小杉勇、風見章子）
⑤キャラコさん（9/28、轟夕起子）

◇新興興行収入ベスト5
現代劇
①母（10/12、山路ふみ子）
②若妻（8/1、清水将夫、真山くみ子）
③熱血の道（2/1、河津清三郎）
時代劇
①長脇差団十郎（11/1、市川右太衛門）
②中将姫（2/15、松浦妙子、鈴木澄子）
③愛染格子（7/12、市川右太衛門）

を観た映画評論家も「観客は気軽に楽しんで見てゐた」[123]と記録している。

『キネマ旬報』七〇六号（四〇年二月一一日）に掲載された映画評論家や映画会社の社員の座談会「興行価値を放談する」は、『愛染かつら』をはじめとする娯楽映画のヒット要因を論じているが、議論の中から浮かび上がってくるのは、出演者の知名度や人気（「スター・ヴァリュウ」）、「観客の劣情に訴へる」、「嘘を本当らしく見せる」など、「道義に反するもの、指導的でないものが受ける」という経験的事実である。『残菊物語』も、あとでみるように、小学校教員からは教育上よくないとして不評であったように、この種の要素を持っていた。しかし、それは映画法の建前からは必ずしも肯定できないことであった。そうした中、四〇年一月から映画法が本格的に施行されることになる。

36 **『エノケンのどんぐり頓兵衛』** 左より一人おいて、榎本健一・清川虹子

(1) 『昭和十六年映画年鑑』ロ五七頁。
(2) 生方敏郎『明治大正見聞史』(中央公論社〈中公文庫〉、一九七八年、原著は春秋社、一九二五年刊)三三～五八頁、塚原康子『十九世紀の日本における西洋音楽の受容』(多賀出版、一九九三年)第五章、拙著『皇紀・万博・オリンピック』(中央公論社〈中公新書〉、一九九八年)一三一～一三二頁、畠山清行『東京兵団』下巻(光風社出版、一九七九年)七三頁など。武田雅朗「中華民国映画界概観」(『昭和九年映画年鑑』)の冒頭にも明らかに中国人を蔑視する記述がある。
(3) 田中純一郎『日本映画発達史』第二巻(中央公論社、一九五七年)三五八頁。
(4) 「和・洋並ニ併用上映々画館別年鑑」(『昭和十六年映画年鑑』)ロ二二～二三頁。
(5) 「時報」(『キネ旬』六一九、三七・八②)二九頁。
(6) 「昭和十二年度映画界総決算　邦画」(以下、「三七年総決算　邦画」、同右六三二、三八・一①)七一頁。
(7) 前掲田中書第二巻三六六～三六九頁、同第三巻二〇三～二〇八頁。
(8) 「映画界検討匿名座談会」(『キネ旬』五八六、三六・九①)五八頁。
(9) 「景況」(『キネ旬』六一八、三七・八①)一三五頁。
(10) 同右(同右六二〇、三七・八③)一三三頁(京都帝国館)。
(11) 加藤厚子「日中戦争期における映画統制」(『史学雑誌』一〇九―六、二〇〇〇年)八五頁。
(12) 三七年版『検閲年報』三頁。
(13) 「三七年総決算　邦画」七一頁(飯田心美と友田純一郎の発言)。
(14) 「景況」(『キネ旬』六二二、三七・九②)、一二二頁(福岡)。
(15) 同右(同六二三、三七・九③)一一一頁。
(16) 「三七年総決算　業界」八四頁。
(17) 「景況」(『キネ旬』六三三、三八・一②)一〇八頁。
(18) 「昭和十三年度映画界総決算　業界」(同六六七、三九・一①、以下、「三八年総決算　業界」)一一二頁。
(19) 「景況」(『キネ旬』六三四、三八・一③)一一三頁。

(20) 「三八年総決算　業界」一一一頁。

(21) 『キネ旬』六四〇（三八・三③）一二〇頁。

(22) 「三八年総決算　業界」一一一～一一二頁。

(23) 「地方通信　大分市」（『キネ旬』六八三、三九・六②）一〇一頁。

(24) 「地方通信　別府市」（同右六八九、八②）一〇五頁。

(25) 石栗生「映画都市通信　小樽」（『日映』三九・七）一三七～一三八頁。

(26) 小林信彦『和菓子屋の息子』（新潮社〈新潮文庫〉、一九九九年、原著一九九六年）一七八～一七九頁。ビデオ化されている作品には決まり文句全部を言っている例は意外に少なく、東宝『エノケンの弥次喜多《やじきた》』（三九年一二月二九日封切）ぐらいであろう。「アーノネノオッサン」の実例としては、東宝の喜劇映画『ハモニカ小僧』（四〇年七月一〇日封切）の広告文（『キネ旬』七一九、四〇・六③）がある。

(27) 東宝五十年史編纂委員会編『東宝五十年史』（東宝株式会社、一九八二年）三五八～三五九頁。

(28) 同右（同右六六一、三八・一〇③）八四頁。なお、この時期のショービジネスの盛況ぶりに関しては、瀬川昌久『ジャズで踊って』（サイマル出版会、一九八三年）を参照。

(29) 以下、国民歌謡や国策的な大衆音楽（軍歌・軍国歌謡などと呼ばれた）については、特に断らない限り、津金澤聰廣「メディア・イベントとしての軍歌・軍国歌謡」（青木保・筒井清忠ほか編『近代日本文化論』一〇、岩波書店、一九九九年）、戸ノ下達也「電波に乗った歌声」（『年報日本現代史』七、二〇〇一年）、同「量産された『国民歌』」（『メディア史研究』一一、二〇〇一年）による。

(30) 「映画批評」（『キネ旬』六四四、三八・五①）一〇四頁（水町青磁執筆）。

(31) 谷村政次郎『行進曲「軍艦」百年の軌跡』（大村書店、二〇〇〇年）九八頁。

(32) 伊藤隆・広瀬順晧編『松本学日記』（山川出版社、一九九五年）二四七頁（三七年一一月一二日）。

(33) 板垣鷹穂「教育者のための映画鑑賞講座（四一）」（『映画教育』三八年一〇月、以下『映教』三八・一〇と略記）二二一頁。酷評の事例は同二二一～二二五頁、

(34)「批評」(『キネ旬』六五八、三八・九③)七四〜七五頁(滋野辰彦執筆)。

(35)「景況」(『キネ旬』六五八)九七頁。

(36)同右一〇〇頁。

(37)「地方通信 函館市」(同右六八〇、三九・五②)九九頁、「地方通信 松山映画街寸貌」(同六八五、七①)二二九頁。

(38)広沢虎造については吉川潮『江戸っ子だってねえ』(NHK出版、一九九八年)参照。

(39)いかなる事情か『キネマ旬報』には前編のあらすじしか紹介されておらず、松竹の宣伝誌『松竹』三九年一〇月号(実際には九月発行と思われる)掲載のあらすじも後編は簡単である。そこで、原作の最終回(『婦人倶楽部』三八年五月号)にある「前号迄の梗概」(三八二頁)とビデオの画面を照らし合わせて確認した。

(40)「千鳥の放送室」(同右同年五月号)五三〇〜五三一頁は、内容から見て編集後記にあたるが、その中に「『愛染かつら』があまり大評判だつたので、記念に西条八十先生と田中絹代さんにお願ひして、御覧のように特別口絵『愛染かつら詩画帳』をやりましたの、すると大船の方でもこれは素晴らしいと早速絹代さんの主演で映画化するんですつて」とあり、小説の人気ぶりと映画化の契機がうかがわれる。

(41)佐藤忠男「トーキー時代」(『講座日本映画』三、岩波書店、一九八六年)二八頁。

(42)新藤兼人「黄金時代の人たち」(同右四)一一四頁。

(43)「批評」(『キネ旬』六六六、三八・一二②)七〇頁(村上忠久執筆)。

(44)「三八年総決算 業界」一一七頁。

(45)「地方通信 旭川市」(『キネ旬』六七七、三九・四②)一〇三頁、「地方通信 富山市」(同六八一、五③)一〇〇頁、「地方通信 伊那町」(同六八四、六③)一〇一頁など。「地方娯楽調査資料」(南博編集代表『近代庶民生活誌』第八巻〈三一書房、一九八八年〉)の「整理結果」の項の「主として府県別からみた現状希望の諸問題」にも『愛染かつら』三部作の各地での好評ぶりが頻出する。これは四〇年に朝日新聞社が行った調査で、四一年一月に新聞に連載し、社内資料としてまとめたものである(同書「解題」〈影山三郎執筆〉四八五頁)。

(45)　大黒東洋士「東宝映画抄論」(『キネ旬』六八四、三九・六③) 六頁。
(46)　前掲佐藤「トーキー時代」二八〜二九頁。
(47)　同右および山内久「メロドラマの原点」(『講座日本映画』三) 一〇八頁。この記述の存在は、私が勤務校で二〇〇一年度前期に行った講義「日本近現代史」における本多麻里子氏の学期末レポートに教示を受けた。
(48)　三七年製作の劇映画で検閲手数料免除を受けたのは『五人の斥候兵』を含め四本、三八年製作の劇映画で検閲手数料免除を受けたのは『路傍の石』を含め七本あった(『検閲年報』各年の「総説」参照)。
(49)　「断然廃止するぞ！　恋愛中心の映画」(『東京朝日新聞』七月二八日付朝刊四面)。
(50)　前掲「三八年総決算　日本映画」(映画関係者の座談会) 九二頁に、戦時下の「施政方針が劇映画に及ぼした影響といふ意味で、検閲に依つて長谷川伸とか子母沢寛の股旅物—遊び人の一片の侠気とか義気を讃美したものはいかんと内務省の検閲官は云つて居る」、九八頁に、「長谷川伸の股旅物が減少したが、それも自発的に減少したのぢやない」とある。
(51)　前掲加藤「日中戦争期における映画統制」、「映画法施行以後における映画統制」。
(52)　前掲『ドキュメント昭和』一四四〜一四七頁。
(53)　不破祐俊ほかの座談会「回想映画法」(『講座日本映画』四) 二五八頁 (不破の回想)。
(54)　舘林三喜男「映画統制の精神」一二〜一三頁。
(55)　佐藤忠男『日本映画史』第二巻 (岩波書店、一九九五年) 二三〜二四頁、赤澤史朗「戦中・戦後文化論」(『岩波講座日本通史』第一九巻、岩波書店、一九九五年) 二九〇〜二九一頁。
(56)　長谷川如是閑「映画法と映画の芸術性」(『日映』三八・五)。
(57)　佐藤忠男『日本映画史』第一巻 (一九九五年) 三一八〜三二五頁。
(58)　「映画法と映画教育座談会」(『映教』三八・一〇) 一一〜一二頁。
(59)　三九年三月九日、衆院本会議映画法案第一読会における木戸幸一内相の理由説明 (社会問題資料研究会編『帝国議会誌』第一期第三六巻、東洋文化社、一九七八年、二六六頁)。
(60)　関係法令の全文は『昭和十六年映画年鑑』に収録。

板垣鷹穂「映画法解説」（『キネ旬』六九七、三九・一一①）が要点をわかりやすくまとめていて便利である。

(61) 奥平康弘「映画の国家統制」（『講座日本映画』四、一九八七年）二五三頁の「ふつうの映画館には一四歳未満の者（ただし、保護者の同伴する六歳未満のこどもは別）は入場できないことにした」という記述は誤りである。

(62) 前掲『帝国議会誌』二六六頁。

(63) 「衆議院映画法案委員会議録」（以下「衆院委員会録」）第五回、九頁、福田悌夫《ふくだやすお》（民政党）の発言。

(64) 前掲衆院映画法案第一読会における赤松克麿《あかまつかつまろ》（日本革新党）も類似の趣旨の発言をしている（前掲『帝国議会誌』二七四頁）。

(65) 「衆院委員会録」第五回、九〜一〇頁、木戸幸一内相の答弁。

(66) 前掲『帝国議会誌』三八三頁。

(67) 「衆院委員会録」第七回、六〜七頁。

(68) 「『映画法』の教育的効果」（無署名）（『映教』三九・四、六）。

(69) 前掲衆院映画法案第一読会における前川正一《まえかわしょういち》（社会大衆党）の発言（前掲『帝国議会誌』二七六頁）、「衆院委員会録」第七回、福田悌夫（民政党）、三木武夫《みきたけお》（第二控室）の発言（四、八頁）。

(70) 高岡裕之「戦時期移動映写運動に関する基礎的考察」（『地域社会研究』〈都留文科大学〉一二、二〇〇二年）。

(71) 小林猷信「映画界近時側面観」（『キネ旬』六八四、三九・六③）八頁。

(72) 前掲「回想映画法」二五九頁。

(73) 「景況」（『キネ旬』六六九、三九・一③）九七頁。

(74) 田中純一郎「映画興行の理論と実際（一）」（同右六九五、三九・一〇②）一一三頁。

(75) 「地方通信」（同右六八八、三九・八①）一一七頁。

(76) いずれも『キネマ旬報』の「地方通信」で、順番に、六八一（五③）一〇一頁、六八二（六①）一一五頁、六八六（七②）一〇二頁。

(77) 同じく「地方通信」、六八二（六①）一一五頁、六八九（八②）一〇五頁、最後の二つは六九〇（八③）一〇一頁。

(78) 津村秀夫「松竹映画論」（同右六七九、三九・五①）一〇〜一一頁。

(79)「批評」(同右六八三、六②）八二頁（友田純一郎執筆）。
(80)「興行価値を放談する」(同右七〇六、四〇・二②）一九頁。また、「地方通信」でも、内地の大半の場所でこの作品の大ヒットが記録されている。
(81)「景況」(同右六八一）九五頁。ただし、宝塚少女歌劇の本拠地である宝塚大劇場が座席数四〇〇〇なので、国際劇場が「東洋一」というのは誤りである。
(82) 同右（同右六八四、六③）九五頁。
(83)「批評」(同右六八三、六②）八三頁。
(84) 小林「映画界近時側面観」、大黒東洋士「東宝映画抄論」(同右六八四)、佐々木能理男「日本映画の使命」(同右六八六)。
(85)「映画の最大使命は国民娯楽」(同右六九一、九①）八〜九頁。
(86)「城戸四郎氏の説を読む」(同右六九二、九②）八〜九頁。右の城戸論説を読んだ上でかどうかわからないが、登川尚佐「松竹映画の今日」(『映評』三九・九）も水町とほぼ同趣旨の論を展開している。
(87)「婦人客を忘れるな」(『映旬』一、四一・一①）三〇〜三一頁。
(88)「城戸四郎年譜」(山田洋次編・城戸四郎著『わが映画論』松竹株式会社、一九七八年)。
(89) 清水晶「通俗映画を繞って」(『映評』三九・一二）三五頁。
(90)「座談会報告　ヒット映画の研究」(『日映』三九・九)、「興行価値を放談する」(『キネ旬』七〇六、四〇・二②）では松竹社員が『愛染かつら』物を擁護している。また前者に出席している映画評論家上野耕三は、松竹社員以外では唯一『愛染かつら』物を擁護している。上野は映画評論家の中で擁護論を主張していたほぼ唯一の人物なので（梟生「新聞映画欄側面月評」〈『日映』四〇・一〉七三頁)、おそらく鴉生は上野の筆名であろう。
(91) 亀井勝一郎「高級と低級」(『日映』四〇・二）八〜九頁。中野好夫「娯楽の進路」(同四〇・一一）も似たような趣旨である。
(92) S・Q・S「論壇展望」(同右三九・一一、四〇・九)。
(93)「映画評」(『国民新聞』三九年一一月一八日付朝刊)。
(94)「批評」(『キネ旬』七〇三、四〇・一②）六六頁

（村上忠久執筆）。
(95)「景況」（同右七〇一、三九・一二②）八八頁（福岡）。
(96)『東京日日新聞』三九年二月二二日付夕刊（二一日発行）掲載の広告。
(97) 岡田熟「映画法実施と我が映画製作態度」（『映画情報』三九年一一月）四九頁。
(98) ただし当時から日本人説は流布していた。たとえば鈴木重三郎「利巧娘李香蘭」（『キネ旬』六九二、三九・九②）一一頁。李香蘭に関しては自伝をはじめ多くの文献があるが、研究者による代表的な文献として、四方田犬彦『日本の女優』（岩波書店、二〇〇〇年）。
(99)「一九三九年総決算　業界」（『キネ旬』七〇二、四〇・一①）五〇頁。『上海陸戦隊』については、「批評」（『キネ旬』六八三、三九・六②）八一頁（水町青磁執筆）、「特編映画批判」（『映評』三九・七）。
(100) 前掲津村論説、小林論説、「一九三九年総決算　日本映画」三五〜七頁。
(101)「森岩雄氏と東宝映画を語る」（『キネ旬』六九四、三九・一〇①）一二二〜一二七頁。
(102) 代表例として、「『土』合評」（同右六七七、四②）、「『土と兵隊』合評」（同右六九六、一〇③）。新聞については梟生「新聞映画欄側面月評」（『日映』三九・六、一二）参照。
(103)「一九三九年総決算　日本映画」三九頁。
(104) 注(102)の史料。
(105)「景況」（『キネ旬』六七九、三九・五①）一一七頁。
(106)「一九三九年総決算　業界」四九頁。
(107) 前掲「興行価値を放談する」二四頁、松竹社員肥後博《ひごひろし》の発言。
(108)「景況」（『キネ旬』六八〇、五②）九五頁。
(109) 同右（同右六八一、五③）九八頁。
(110)「景況」（同右六九八、一一②）七三頁。
(111) 同右（同右六九八）七四頁。
(112) 前掲「『土と兵隊』合評」二四頁。
(113) 鴉生「企画月評」（『日映』三九・一二）八六頁。
(114) Q「新映画評」（『東京朝日』三九年一〇月一四日付夕刊）。
(115) 梟生「新聞映画欄側面月評」（『日映』三九・一

一）四七頁。
(116)　文部省社会教育局に映画法関係事務を扱う映画課が新設されたのは三九年一〇月一日で、一般用映画認定事務は一一月一日に開始（『映教』三九・一一、五二～五三頁）、映画法に基づく文部省推薦映画を認定する演劇映画音楽等改善委員会映画部会が設置されたのが同年一二月（同四〇・三、二七頁）。推薦結果の公表は四〇年に入ってからで、四〇年封切分の推薦から推薦理由が明記された。受賞日は「昭和十五年映画日誌」（『昭和十六年映画年鑑』）による。
(117)　「文部省推薦・認定月報」（『映教』四〇・五）二二頁。以後、文部省推薦映画の推薦理由については同誌または『映画年鑑』による。
(118)　「時報」（『キネ旬』六九六、三九・一〇③）七頁。以後、四三年までの非一般用認定については『映画検閲時報』による。
(119)　前掲板垣「映画法解説」二三頁。
(120)　「批評」（『キネ旬』六五〇、三八・七①）一七五頁（友田純一郎執筆）。
(121)　「あれやこれや混談会―エノケンの動物園長―」（『東宝映画』四〇年二月一日）六頁。
(122)　キネマ倶楽部発行のビデオの解説（山根貞男）、千葉文夫「時代劇映画がミュージカルになるとき」（京都映画祭実行委員会編『時代劇映画とはなにか』人文書院、一九九七年）、蓮実重臣「こんなにも愉しい『鴛鴦歌合戦』の音楽」（根岸洋之企画構成『唄えば天国』天の巻、メディアファクトリー、一九九九年）、編集部編「『鴛鴦歌合戦』にまつわるエトセトラ」（同）。
(123)　「批評」（『キネ旬』七〇三）六五頁（滋野辰彦執筆）。

III 映画法の本格発動

1940年	5月	『歴史』封切
〃	6月	『支那の夜』封切、新体制運動開始
〃	7月	7・7禁令
〃	10月	大政翼賛会創立
〃	11月	紀元二千六百年祝典、『孫悟空』封切
〃	12月	情報局設置
1941年	2月	日劇7回り半事件
〃	5月	情報局、国民映画製作に乗り出す
〃	8月	情報局、映画臨戦態勢提起
〃	10月	東条英機内閣成立
〃	12月	太平洋戦争開戦

1　バブルのような戦争景気

年表や概説書でみる一九四〇年

映画法の本格施行とともにはじまった一九四〇年の正月興行《こうぎょう》は、東京の場合、インフレに伴う入場料の一斉値上げ（封切館は二〇銭前後、その他は一〇銭前後）にもかかわらず、「実に十年振りでの賑ひ、昨年に較べて総体的に先《ま》ず二割から四割増しの好調」ではじまり、大阪でもほぼ同様であった(1)。映画界の活況はなお続いていたのである。

各種の年表や概説書で見ると、三九年初頭から四〇年初頭にかけては暗い話題が多い。政治の面では、三八年秋に第一次近衛文麿《このえふみまろ》内閣が対等の立場での日中経済協力という趣旨の東亜新秩序建設構想を打ち出して中国に親日政権を作り出して戦争終結を図ったが失敗し、三九年一月に平沼騏一郎《ひらぬまきいちろう》内閣となった。日中戦争は膠着《こうちゃく》状態となり、ヨーロッパでは九月に第二次世界大戦が勃発し、アメリカは事実上日中戦争を日本の侵略戦争と認め、三九年七月に日米通商航海条約の延長を拒否し、同条約は翌年一月末に失効した。

しかも、国内では夏の少雨による米の不作や水力発電の不振による電力不足が起きたため、政府は九月一八日に国家総動員法に基づく物価統制を開始し、東京では一部の生活物資の事実上の配給制がはじまったが、戦争景気で高収入の人々を中心に公定価格以上の代価を出して統制対象の物資を購入する動きや、それを見込んで商人が統制対象物資を売り惜しんだり買い占めたりする、いわゆる闇経済行為がはじまった。七月に発足した阿部信行《あべのぶゆき》内閣は数々の失策に加え、こうした物価対策の失敗で世論の批判が高まり、四〇年一月に退陣する。

その代わりに成立した米内光政《よないみつまさ》内閣は首相こそ海軍出身であるが、阿部内閣の失政や日中戦争の膠着のため一般に軍部や官僚への失望が高まったことを背景にして、保守系の政党勢力を重視した内閣となっていた(2)。

紀元二千六百年

また、四〇年は、『日本書紀』の記述に基づいて一八七二年に政府が正式の紀年法《きねんほう》(年を数える方法)に定めた神武《じんむ》天皇紀元《きげん》(皇紀《こうき》)で二千六百年にあたっていた(紀元二千六百年)(3)。もしこれが真実ならば一つの王朝の長さとしては主要国では最長ということになる(これは神話に基づく話なので、もちろん実際には異なる)。昭和初期にこれを名目に経済発展の起爆剤としてオリンピックや万国博覧会を東京で開催する構想が経済団体や内地の主要観光地、地元東京の経済界などから持ち上がった。紆余曲折の末、一九三六年から翌年にかけてオリンピックと万博、そして政府による奉祝《ほうしゆく》記念事業の実施が決定し、準備が始まったが、三八年六月、戦時統制経済の関係でオリンピックと万博は事実上中止となった。

これに代わって、官僚的な運動として世間で評判が悪かった国民精神総動員運動の一環としての政府

37　紀元二千六百年奉祝典

やその外郭団体主導の記念行事が実施されていく。記念行事の最高潮は、一一月一〇日に宮城《きゅうじょう》前広場（現在の皇居前広場）での実施が予定されていた政府主催の祝典行事とされていた。

奉祝機運を盛り上げる手段の一つとして、公募による奉祝国民歌「紀元二千六百年」が政府（紀元二千六百年祝典事務局）と奉祝事業実施のための政府の外郭団体（財団法人紀元二千六百年奉祝会）によって三九年一二月に制定され、各レコード会社から発売された。軽快な曲調であったことから「愛国行進曲」以来の官製ヒット曲となった。

戦争景気の拡大

しかし、映画興行の状況を含め、世相の実態を見る限り、戦争景気は一部の軍需産業関係者のみならずかなり広い範囲に拡大していたことがうかがわれる。

三八年秋以降は大規模な戦闘はないので日本軍の死傷者はそれ以前ほど目立たなくなったが、なお数十万の軍隊が中国大陸に釘づけになっており、それが生み出す軍需や、占領地経営による利益を当てにする雰囲気が生まれていたのである。

海軍省の三九年一一月段階の調査では、農村地帯にも工場ができたり、農産物も軍需品（衣服・食糧）や軍需物資輸入のための外貨獲得商品（特に絹）として需要が高まったため農村地帯でも収入が増えたことを指摘している。(4)戦争景気は農村にも恩恵をもたらしたのである。

さらに陸軍省の四〇年春段階の調査(5)によると、花柳界《かりゅうかい》や軍需工業や殷賑《いんしん》産業隣接地域の料理屋・待合《まちあい》は第一次世界大戦時の好景気時代以来の繁栄ぶりで、温泉・観光旅館も大部分は満員状態、デパートの売り上げも前年の二割増、正月の国鉄（現在のJR）は東京の場合、熱海・伊豆などへの温泉客や上信越方面へのスキー客で大混雑となり、上野駅では警官に加えて憲兵《けんぺい》が出動するありさま、四〇年春には乗客は三割増、などといった具合である。

興行《こうぎょう》も盛況の上、「東京郊外の映画館が十三年には八千円だつたものが今は八万円で売れそれで買手が多い」という状況であった。その結果、映画館数も二三六三館に激増した。

新聞を見ると、右の調査を裏づけるような記事が少なくない上、土地分譲の広告が増えており、投機目的の土地購入や、それをめぐる悪徳業者の問題が記事にもなっていた。(6)雑誌出版も盛況で、当時の代表的な大衆雑誌である大日本雄弁会講談社《だいにほんゆうべんかいこうだんしゃ》の『キング』はこの時期毎号五〇〇頁の分量を誇っていた。(7)

一九八〇年代後半から九〇年代初期までのバブル景気の時代のような雰囲気である。暗いというより、戦争バブル景気という呼び方(8)も十分可能なほど猥雑で活気あふれる状況だった。先に見た紀元二千六百年奉祝の動きに関しても、万博・オリンピック中止後の人々の主な関心は、もっぱら戦時経済統制のために次第に困難になっていた地元地域の社会資本整備を奉祝に名を借りて進めることに向いていた。(9)

ただし、当時の日本人は十分に認識していなかったが、その裏には、占領地で一儲けをめざす日本人や、いつまで何のために居続けるのかわからなくなってしまったために軍紀が緩んだ日本軍によって、理不尽な運命を強いられた多くの中国の人々の犠牲があった。

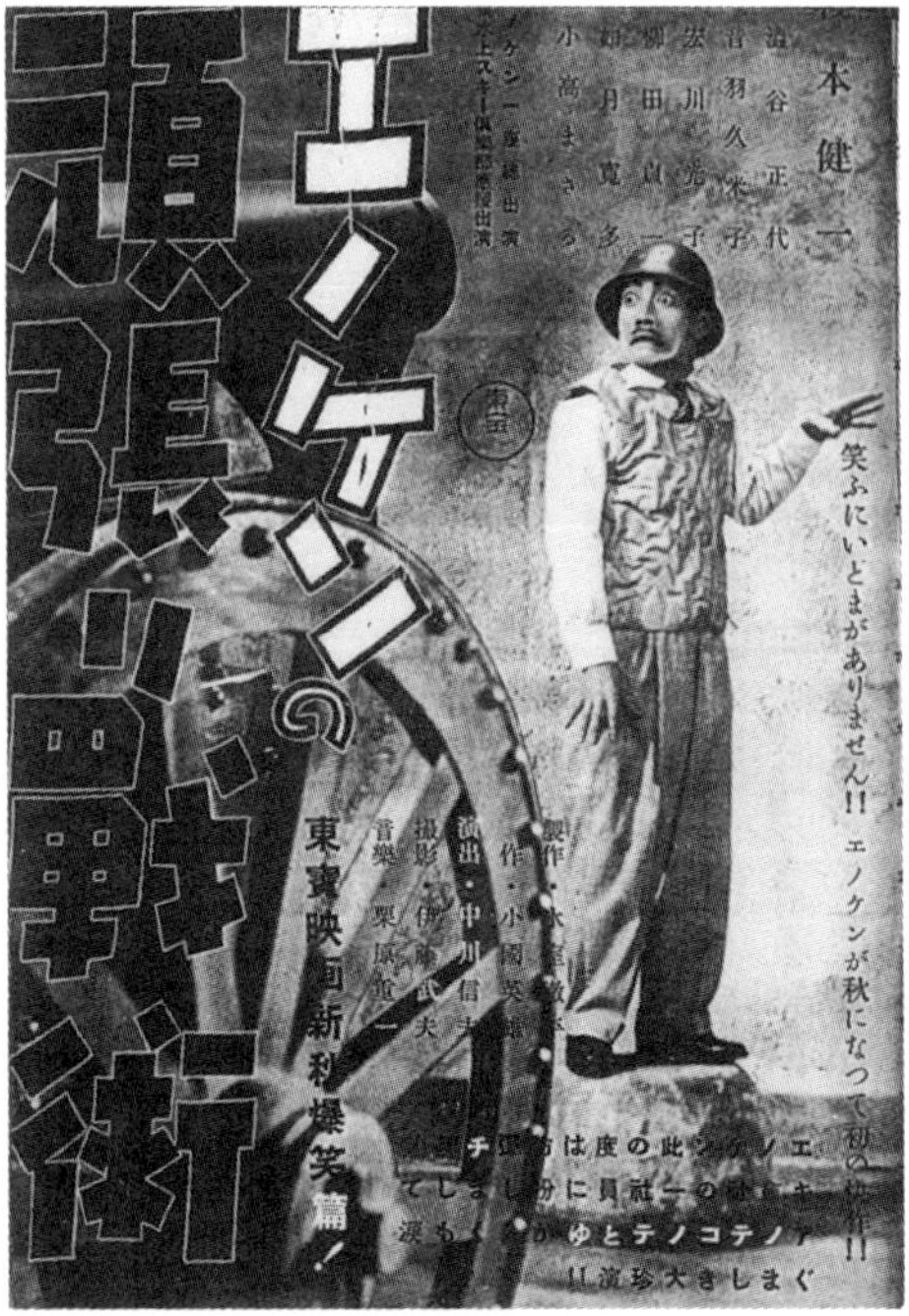

38　『エノケンの頑張り戦術』広告（『キネマ旬報』692、1939年 9 月）

当時の世相を風刺した映画

現在ビデオで観ることができる劇映画の中に戦争景気という当時の世相を反映した作品がある。東宝のドタバタ喜劇『エノケンの頑《がん》張《ば》り戦術《せんじゅつ》』（三九年九月一九日封切）がその一つで、脚本は戦後黒澤《くろさわ》明《あきら》に協力したことで有名な小国《おぐに》英《ひで》雄《お》、監督はドタバタ喜劇を得意とする斎藤寅次郎《さいとうとらじろう》の予定（たしかに脚本は斎藤向きである）が病気のため中川信夫《なかがわのぶお》が担当した。(10)

隣同士に住み、同じ防弾チョッキ製造会社（売り込み先はなんと出征兵士）に勤める二人のしがないサラリーマン稲田（エノケン）と三田（エノケン一座の如月寛多《きさらぎかんた》）は仲が悪い。二人が見栄を張り合って二等車（現在のJRのグリーン車に相当、普通車は三等）で家族を旅行に連れて行こうと同じ列車に乗ると（列車が日劇の前を通るのがご愛嬌）、二等車はすでに工員服を着た人々、つまり工場労働者たちの二つの集団で満席。エノケンたちがそこへ入っていくと、労働者たちは、「今はわれらが世界、すばらしい世紀！　銀行、会社員なんか及ばず飛ばず」と意気揚々と歌い、二つのグループはそれぞれ給与が三割増、五割増と景気のよ

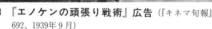

さを吹聴し合う。これを聞いたエノケンはしょんぼりして、「うらやましいことだ」、「ぼくも一度もらいたい」と歌うが、労働者たちはさらに「酒飲め歌え！　金に糸目つけず、ド派手に騒ごう！」と大騒ぎ。しかも旅先の温泉地ではどの旅館も満員という調子である。

このように、この映画は戦時下のバブル的な雰囲気を見事に風刺している。そのふざけぶりが検閲官のお気に召さなかったのか、映画法施行後まもなく非一般用に認定された(11)。エノケン物の常で封切興行は上々の成績だったが、続映するほどではなかった。都市部での東宝の主力顧客であるサラリーマン層には身につまされる話だったためであろうか。

政府の対応

映画界はもちろんこうした世相に対応していこうとするが、政府は戦争遂行に総力を上げるべきであるという観点からこうした世相をよしとせず、国民にますます真面目さを要求していく。

三月二八日に内務省《ないむしょう》が映画、レコードの各社代表を招き、芸名について、漫才師のミス・ワカナ、東宝専属映画俳優藤原釜足《ふじわらかまたり》などを槍玉に上げて「ふざけた名、日本人らしからぬ名、風紀上よろしからぬ名、偉人の尊厳を傷つける名」の一掃を申し渡した(12)。

こうした中で四〇年前半の映画界で最大の話題作となったのは『歴史』と『支那の夜』であった。

2　『歴史』の不振と『支那の夜』の大ヒット

日本文化中央連盟の映画コンクール

日本文化中央連盟は、「真に優秀なる芸術的作品を得、之を発表することに依り、日本文化の建設に期し、以て国内は固《もと》より、民族と国境を越えて、現代日本芸術の清華《せいか》を世界に宣揚《せんよう》せしめ、国民的奉祝の真意を表明せむ」ため紀元二千六百年奉祝記念芸能祭を四〇年に行うが、その一環として同芸能祭映画コンクールを四〇年六月に行うことを三九年一〇月に発表した(13)。

劇映画の場合、四〇年二月一日から五月末日までに封切られた作品に参加資格があるとされた。主要映画会社五社と、東宝《とうほう》傘下の製作専門会社東京発声《とうきょうはっせい》が参加の意向であったが、松竹《しょうちく》と東京発声は中途で辞退し、日活《にっかつ》・東宝・新興《しんこう》・大都《だいと》の四社が一本ずつ参加作品を製作した(14)。日活多摩川撮影所製作の時代劇『歴史《れきし》』（第一部五月一五日封切、第二部・第三部五月三〇日封切）、新興の現代劇『太平洋行進曲《たいへいようこうしんきょく》』（五月一五日封切）、海軍省軍事普及部の後援を受けた東宝の現代劇『海軍爆撃隊《かいぐんばくげきたい》』、大都の現代劇『祖国《そこく》』（いずれも五月二二日封切）の四本である。

このうち、『太平洋行進曲』以外の三本は検閲手数料免除を受けたので国策映画とみなされる。また、これら三本は芸術性を評価されて文部省推薦も受けている。

日活は『歴史』を出品

このうち『歴史』は、三部合わせて四時間を超える大作である。原作は第三回新潮文学賞を受けたばかりの榊山《さかきやま》潤《じゅん》の小説で、戊辰《ぼしん》戦争（一八六七〜六九）から西南戦争（一八七七）にいたる明治維新期に、幕末の東北地方の小藩のある藩士とその家族が歴史の波にもまれながら生きていくという物語である。

新聞広告によると製作の意図は、「明治より昭和三代七十年の日本新国家発展の基礎は、凡《すべ》て明治維新に於ける民族的建設精神の現れであるとの思想」[15]であり、明らかに国策映画をめざしていた。時代的には近代であるが、おそらく扮装の問題や戦闘場面が刀中心であるため時代劇とみなされた。監督は『土《つち》』の内田吐夢《うちだとむ》で、主演の小杉勇《こすぎいさむ》も『土』と『土《つち》と兵隊《へいたい》』で主演を務めていた[16]。三九年一一月の製作発表から約半年の製作期間をかけ、製作費総額五〇万円と宣伝された[17]。三九年下期から四〇年上期までの期間

39　『歴史』広告（『都新聞』1940年5月13日付）

の日活の製作費総額は三九〇万円(18)で、単純計算で映画一本あたり四万円であるから大変な巨額投資である。

この映画は前述のように文部省推薦を受けたが、その理由は、「極めて気迫ある企画と真摯《しんし》なる製作態度とは時代劇映画として一新生面を開き得た(19)」というものであった。従来の時代劇の大半がチャンバラ中心の娯楽映画であったことをふまえると、まじめな内容の時代劇(「歴史映画(20)」)を政府として奨励したいという意図がうかがえる。

『歴史』興行に失敗

日活はおそらく内田と小杉の声望や官庁の推奨に期待し、厖大な製作費に見合う興行収入を見込んで、新聞で大々的な広告を行い、長期の封切興行に踏み切ったが、極端な不入りとなった(21)。

第一部こそ一応二週間興行したものの、第二部・第三部は二週間興行の予定を封切週で切り上げ、四月に大ヒットした吉川英治《よしかわえいじ》原作、片岡千恵蔵《かたおかちえぞう》主演の『宮本武蔵《みやもとむさし》』三部作(第一部・第二部三月三一日、第三部四月一八日封切)に番組を急遽切り換えて営業上の損失を埋め合わせた。きわめて異例の事態である。地方興行も不振であったことはいうまでもない(22)。

その結果、多摩川撮影所長の更迭問題が起きた。『歴史』の不振と撮影所長更迭問題は各新聞の社会面や文化欄で頻繁に取り上げられるところとなった(23)。その過程で、内務省警保局《けいほきょく》は六月二五日に日活側に「戒告的懇談」を行い、更迭後も「従来よりも一層優れた映画を製作する旨」を誓約させた(24)。

内務省では、「業者が映画法の精神を無視し国家と協力せず自己の事業のみの利益を考へる時には国家として相当重大な圧力を加へることが必要」という「強硬意見」まで現れた。すなわち、内務省は映画法で映画会社が政府の許可制となったこと（実際には許可制は四〇年一〇月から開始予定）をふまえ、映画法の趣旨に従わない企業は廃業させるという姿勢を示したのである。

1940年　ヒット映画と優秀映画一覧

◇日本映画雑誌協会銓衡ベスト10
①小島の春（東宝・東発　豊田四郎）文・非
②**西住戦車長伝**（松竹大船　吉村公三郎）文
③**風の又三郎**（日活多摩川　島耕二）文
④浪花女（松竹京都　溝口健二）文
⑤沃土万里（日活多摩川　倉田文人）
⑥奥村五百子（東宝・東発　豊田四郎）
⑦歴史（日活多摩川　内田吐夢）文
⑧**燃ゆる大空**（東宝　阿部豊）文
⑨夫婦二世（新興京都　野淵昶）
⑩木石（松竹大船　五所平之助）文・非

◇松竹興行収入ベスト5
大船撮影所
①**西住戦車長伝**（11/29、上原謙）文
②愛の暴風（7/14、上原謙、桑野通子）非
③女性の覚悟（5/30、大船オールスター）
④新妻問答（39・12/30、上原謙、桑野通子）
⑤愛染椿（1/6、田中絹代、水戸光子）
下加茂撮影所
①浪花女（9/19、阪東好太郎）

◇東宝興行収入ベスト5
①支那の夜（6/5、長谷川一夫、李香蘭）
②蛇姫様（4/3、長谷川一夫）
③**燃ゆる大空**（9/25、大日方伝）文
④孫悟空（11/6、榎本健一）
⑤続蛇姫様（8/14、長谷川一夫）非

◇日活興行収入ベスト5
多摩川
①女は泣かず（3/14、中田弘二、風見章子）非
②暢気眼鏡（2/29、杉狂児、轟夕起子）
③**風の又三郎**（10/10、片山明彦）文
京都
①宮本武蔵（第1部・第2部3/31、第3部4/18、片岡千恵蔵、宮城千賀子）
②続清水港（7/10、片岡千恵蔵、広沢虎造）
③風雲将棋谷（前8/14・後9/12、阪東妻三郎）

◇新興興行収入ベスト5
東京撮影所
①女性本願（6/13、黒田記代、美鳩まり）
②家庭の秘密（前3/14・後3/31、真山くみ子）
③母の願ひ（4/18、宇佐美淳、黒田記代）
京都撮影所
①晴小袖（10/15、花柳章太郎）文
②国姓爺合戦（11/19、市川右太衛門）
③明治の女（7/31、森静子、市川男女之助）

一方、林房雄《はやしふさお》、杉山平助《すぎやまへいすけ》、小林秀雄《こばやしひでお》、青野季吉《あおのすえきち》など、日本文化中央連盟に近い作家二〇名が「良心的映画の製作に邁《まい》進《しん》してきた撮影所員をして前途の目標を失はしめるといふことは看過《かんか》すべからざること」という、検閲当局と同様の意向を六月二六日付で声明した(25)。要するにこの映画の興行成績の悪さは社会問題化したのである。

不振の原因は映画評論家からさえ十分な支持を得られないほど娯楽性にも芸術性にも欠けていたためであった。「型に嵌《はま》つた我国時代劇映画の愚劣さに比すれば、勿論格段の違ひ」と擁護する意見もあった(26)が、「大衆的な楽さの分量には文句があるかも知れぬ(27)」、さらに「根本的な失敗(28)」とか、「厖大なスケールを許容した（中略）事大主義を芸術的良心だと錯覚してゐたことは、何より致命的な失敗(29)」などと評された。

要するに不振の原因は、おもしろくない上に上映時間が長いため、観るのに「生理的苦痛」を感じるという単純な事実(30)であった。この映画を現在観ることができないのは幸せなことかもしれない。

日活もこの一件では相当懲りたらしく、七月一〇日封切の股旅物『続清水港《ぞくしみずみなと》』の中で、「森の石松」の劇を公演しようとする劇場幹部（志村喬《しむらたかし》）に「歴史なんかほっといたらええがな」というきわどい台詞を吐かせている。この映画はこの年の日活時代劇の封切興行収入第二位という大ヒット作で、広沢虎造《ひろさわとらぞう》

40 『続清水港』 左に片岡千恵蔵

も出演して浪曲をうなるが、片岡千恵蔵扮する劇の演出家が居眠りしているうちにタイムスリップして森の石松になってしまうという風変わりな作品である。

なお、『歴史』は六月二四日に前出のコンクールの劇映画部門で第一位となって賞金一万円を獲得した[31]が、審査は審査員三六名中一二名が棄権する[32]という難航ぶりであった。他の三本も『歴史』と同じく興行成績は悪く、「一斉に黒星で総退却のかたち」[33]となった。その原因は、連盟のコンクール準備の不手際と映画会社側が気乗り薄であったためと見られていた。[34]連盟はコンクール続行を主張していたが、[35]劇映画については結局これ一回で終わった。

国民の資質向上や、すぐれた日本映画を世界に発信しようという日本文化中央連盟の国策的意図は、参加作品が多くの人が観たくなるような魅力に欠けていたため失敗したのである。為政者が観せたいものと人々が観たいものとの間の溝は大きかった。

『支那の夜』の大ヒット

一方、空前といわれる大ヒットが社会問題化したのは、ほぼ同時期の六月五日に封切られた東宝製作の現代劇『支那の夜』前後編である。これは、『白蘭《びゃくらん》の歌《うた》』につづき、長谷川一夫《はせがわかずお》と李香蘭《りこうらん》主演の恋愛映画であるが、舞台が前作の「満洲国」から上海となり、前作で土木技師に扮した長谷川は日本人船員長谷に、前作で親日的な「満人」女性に扮した李は第二次上海事変で家も両親も失って反日的となった中国人女性桂蘭《けいらん》に扮した。

現在この映画は三分の二程度に短縮した版(総集編)しか観ることができないので、文献をもとに筋書

41 『支那の夜』 左より長谷川一夫・李香蘭

きを確認すると、上海のとある日本人用下宿に住む長谷は、ある店で日本人にいじめられていた桂蘭を偶然助けた。桂蘭はそのお礼に長谷の下女をやるとして下宿にやってくるが、彼女は上海戦で日本軍に家族を殺されたと誤解して反日的となっていた。長谷は彼女に日本を理解してもらう努力をはじめ、ついには恋人同士となる。

ところが彼女の兄は抗日ゲリラの首領で、彼は桂蘭を誘拐して長谷をおびき出し、日本軍についての情報提供をしないと殺すと長谷を脅す。しかし桂蘭の機転で長谷は銃撃戦の後助かる。二人は結婚し、蘇州に新婚旅行に行く。ここで李香蘭が「〽君がみ胸に、抱かれて行くは」という歌い出しの挿入歌「蘇州夜《そしゅうや》曲《きょく》」を歌う大変ロマンチックな場面があり、上海に帰ったところでも彼女が「〽支那の夜、支那の夜よ」という歌い出しの主題歌「支那の夜」を歌ってロマンチックな雰囲気を盛り上げるが、長谷は突如軍の緊急の仕事にかりだされる。長谷は仕事中に抗日ゲリラに襲撃され、死んだと思われたが生還し、蘇州で桂蘭と感激の再会をして終わる。(36)

この作品は『白蘭の歌』製作を契機に、東宝が満映と結んだスター交流の協約締結後の第一回作品として三九年末に企画された。脚本家小国英雄の提案で、当時渡辺はま子の歌で大ヒットしていた流行歌

「支那の夜」を題材とした。四〇年三月から撮影を開始し、上海・蘇州の現地ロケでは現地の日本軍の多大な協力を得た。(37) しかし、現地で軍の協力を得たとはいえ、政府や軍の肝いりで作られたわけではないことは確認しておく必要がある。

映画評論家の批評は、「誠に都合のいゝ作り話」で「決してレヴエルの高いものではない」などとおおむね低い評価であったが、(38) 日劇で三週間続映して東宝創立以来の大ヒットとなった川口松太郎《かわぐちまつたろう》原作、長谷川一夫主演の時代劇『蛇姫様《へびひめさま》』（四月三日封切）を上回る「東宝未曾有の大ヒツト」(39) であった。この作品は、ある城下町の大店の若旦那がふとしたことから藩士を殺害してしまい、逃避行に出ることからはじまる波乱万丈の物語となっている。結局、『支那の夜』は一九四〇年の東宝映画の封切興行収入第一位となった。

『支那の夜』の人気ぶりは東宝も予想外であったらしく、封切上映中は日劇のまわりに入場待ちの人々が取り囲み、(40) 主題歌「支那の夜」は「街頭を自転車で疾走する小僧さん」が歌い、喫茶店でもレコードがかかりっぱなしで、(41)「都下の不良女子学生や喫茶ガール（店員）の間」で李香蘭風の化粧が流行したほどであった。(42) 日劇の観客は男性が六割四分、女性が三割六分であったとされる。(43) 長谷川一夫は主に女性に人気があったことから、李香蘭が主に男性に人気があるスターであったことがうかがわれる。

『支那の夜』は国策映画か？

さて、当時の批評の中には、「観客の感情に愬《うった》へる卑近な側から、日支提携の思想を盛り込まふとする傾向は、悪いことではない」(44) というものがあったが、事実、主人公長谷の言動や行動は、戦争勃発以来の日本政府の方針に現れていた、抗日をやめない中国人はこらしめるがそうでない中国の人々とは仲良くすべきであるという考え方に添っている。そして現在では日本の中国侵略を正当化した国策宣伝映画の代表例の一つとされている(45)。

しかし、津村秀夫《つむらひでお》はこの映画を『白蘭の歌』と同じ「愚映画」「白痴映画」と罵倒し、その理由を次のように記した。

表面は尤もらしいオブラートに包みつゝも、内容は益々映画法実施の精神に逆行しつゝある〔中略〕我が将兵が尊い血を流した大陸の戦跡を背景にして、白粉《おしろい》臭い男女俳優の滑稽極まる拙劣な痴態など蜿蜒《えんえん》と展開されては、国民の一人として憤懣《ふんまん》に堪へぬ〔中略〕物語そのものは〔中略〕日支親善の趣旨を持つものであるが、映画の力点は正視するに堪へぬサツカリン的な痴態と会話と、抗日支那人の出る幼稚極まる活劇的要素でしかない(46)。

つまり、神聖なる戦場で低俗な恋愛映画とは何事かと厳しく批判したのである。

しかも、この映画は検閲は辛うじて合格したものの検閲官の怒りを買い、その事実は当時から知られていた(47)。そして、その結果七月七日からの映画検閲が強化された（後述の七・七禁令(48)）。それは四一年夏の一般向けの映画雑誌の座談会で内務省の検閲官が、「七・七禁令が起つたのはあの映画がきつかけです」と明言していることで裏づけられる。

その怒りは相当なもので、同じ座談会で『支那の夜』の検閲を担当した検閲官が、東宝側が「『支那の夜』は検閲ではお手数をかけたが、封切したらあれだけの大衆がくつついた。だから検閲当局は〔中略〕『支那の夜』に付いて考へて貰ひたい」と言うのを聞いて「憤慨しました」と語っているほか、「上海では我が陸戦隊が本当に血を流し骨を埋めた。その上で李香蘭と長谷川一夫が喋々喃々《ちょうちょうなんなん》と語るとは何事」と津村と同じ理由で（前後関係からいえば津村が後）怒った検閲官もいたという。(49)

企画に官庁が参加しておらず、官庁の推奨も受けられず、検閲官が怒るような映画を国策映画とみなすことは不可能である。

『支那の夜』は国策映画ではない

そもそも、『支那の夜』の広告には国策的な語句はない。たとえば『都新聞』四〇年六月三日付朝刊の、紙面の半分に及ぶ大きな広告の宣伝文は次のようになっていた。(50)

> 白蘭の歌の名コンビ　長谷川一夫李香蘭再びの顔合せです!!
> ジャンクにともる灯影の下にすゝりなく胡弓の音もの悲し
> 大陸の波止場・上海に熱血の船乗りと支那娘が綴る紅恋のうた・上海・蘇州を基地とした東宝映画撮影隊が齎《もた》らせる異郷風土の美と抒情、そしてかず〳〵の流れるメロデイは
> 哀愁と情熱を秘めて……

主演スターの名声と恋愛と異国情緒とヒット曲が売り物であったこと、国策色がまったくうかがわれないことがよくわかる。

42　『支那の夜』広告（『都新聞』1940年6月3日付）

さらに、「日支提携」「日支親善」という当時の日本政府の方針は日中戦争勃発以来あらゆる機会に表明、宣伝され、三八年秋以降は東亜新秩序建設という言葉で表現されていた。当然、当時の日本国内の人々にとってこうした考え方は新味がなく、この映画で宣伝や教育をしてもらう必要もない。

しかも、『支那の夜』封切前には東宝は松竹に代わってその製作方針が映画論壇で槍玉に上がりつつあった。すなわち、「時代劇化された『愛染かつら』とでも言ふべき『蛇姫様』に力瘤を入れ、浪花節映画及び一連のフリーク的見世物映画を矢継早に作ることに熱心」であることは「映画文化の建設とは、相背馳《はいち》する方向」(51)であると批判された。つまり製作方針が商業主義に偏しているという批判が強まっていたのである。

ちなみに、三九年夏以後に限っても、「浪花節映画」の例としては、前出の『エノケンの森《もり》の石松《いしまつ》』のほか、浪曲師天中軒雲月《てんちゆうけんうんげつ》出演の『雲月の九段《くだん》の母《はは》』(四〇年一月一一日封切)、『雲月の鈴蘭《すずらん》の妻《つま》』(同年三月六日封切)などが、「フリーク的見世物映画」の例としては、前出の『ロッパ歌の都へ行く』、吉本興業系の演芸人が多数出演する『のんき横丁《よこちよう》』(三九年九月一九日封切)、同じく『エンタツ・アチャコ・虎《とら》造《ぞう》の初笑《はつわら》ひ国定忠治《くにさだちゆうじ》』(同年一二月二九日封切)などがあった。

結局、『支那の夜』は、今から見れば国策映画のようだが、当時の世相をにらみつつ、女性に人気の日本人男性スターと新たに日本で人気が出始めた「中国人」女性スターによる、同名の流行歌をヒントにした恋愛物語をいかに盛り上げるかという試行錯誤の成果であり、それが幅広い観客の好みに結果的に合致したのである。『支那の夜』は典型的な娯楽映画というほかはない。

なお、桂蘭が物語の中で次第に日本語が話せるようになることと、中国語の会話場面に日本語字幕がないことを当時の日本人が中国語を蔑視していた証拠とする説[52]があるが、そのようなことはない。第一に、ビデオ上映開始後二二分付近で桂蘭はもともと日本語がわかることが明らかにされており、第二に、封切当時には日本語字幕はついていたと考えられるからである。

その証拠は、二三分三〇秒付近の、桂蘭が旧知の中国人女性と中国語で会話する場面で右端に日本語字幕の一部が見えることと、長谷川一夫と李香蘭の他の共演作である『白蘭の歌』と『熱砂《ねっさ》の誓《ちか》ひ』(東宝製作、一二月二五日封切)のビデオ版では中国語の会話場面に日本語字幕があることである。

現行版(ビデオ版)の『支那の夜』にそれがない理由は、Ⅳで見るように太平洋戦争期に南方住民向けに総集編が製作された際に不要としてつけられず、戦後日本で再上映の際、何らかの事情でこの南方向け総集編を利用したためと考えるのが自然である。これらの事実誤認は、やはりⅣに見るように太平洋戦争中にこの映画が中国の人々にもそれなりに好評であったという事実を見えにくくしてしまうので、この映画の歴史的意義を考える上で好ましいことではない。

また、現行版のタイトルとエンド・タイトルが戦後の再上映の際につけられたものであることは、題名や出演者名の表記などから容易に証明できる。

映画統制への「無言の抗議」

『支那の夜』の驚異的ヒットの原因については、『愛染《あいぜん》かつら』と「観客の誘導法に於て一脈相通じてゐる」、すなわち、「その涙のもり合わせに、恋のからませ方に事件の運びに於て更に良心を捨、芸術を捨てた点に於てこれは同じ途を選んでゐる[53]」という皮肉っぽい分析の他、この作品に劇映画としての魅力があると認めた上で、李のスターとしての魅力、キザ過ぎて日本国内で展開してはサマにならない内容を異国情緒が補っていることなどがその要因とされていた(54)。さらに、

私は「支那の夜」のやうな作品は、恐らく大衆には「面白い」として圧倒的に支持されるが、一方ではまた、歯牙《しが》にかけることも汚らはしいまでの愚劣な、低調な作であると云はれ、「歴史」と比較するといふことが、そもそも問題外であると云はれ、外道であるとも云はれることも想像するに難くはない。しかし、私は大衆と共に、「支那の夜」を面白いと云ふことで支持する〔中略〕私は愚劣な大衆の一人であるかもしれぬ(55)。

と、庶民感覚を基礎に映画の評価を考えるべきであるという意見もあったが、映画批評の世界では『愛染かつら』の場合と同様、こうした意見は少数派に過ぎなかった。

『歴史』の不振、『支那の夜』の大ヒットに加え、非一般用映画(月四〇本の封切映画中一割前後であったが次第に認定率が上昇していた)の方が一般用映画より好評となっていることを、「映画を観る一般大衆の無言の抗議」とみなして「為政者が真剣に考えるべき大問題」とする警告も現場から現れた(56)。しかし、内務省は検閲強化に踏み切ることになる。

急展開する政治と経済

おりからヨーロッパではドイツが電撃戦で北欧やフランスを勢力下に収め、「欧州新秩序」といった見出しが新聞に躍っていた。日本ではドイツにならって日本を全体主義国家化して国民の団結を強めることによって日中戦争の早期解決を図ろうともくろむ政治勢力(「革新」派)が近衛文麿元首相を擁して六

月二四日に新体制運動を開始、これに賛同する陸軍は時の米内光政内閣の倒閣策謀に乗り出し、政局は急展開をはじめていた。この新体制運動の国内的なきっかけとして同年一月の斎藤隆夫《さいとうたかお》の演説事件を見逃すわけにはいかない。

民政党《みんせいとう》代議士の斎藤は、政府の東亜新秩序建設という方針を、今回の戦争における国民の代償としては不十分であると議会で批判した。これは実際国民の不満を代弁していたが、これを認めて中国からの賠償金や領土の獲得を主張すると事実上この戦争を日本自ら侵略戦争と認めることになる。そのため、この発言は軍部や議会内で深刻な波紋を呼んだため斎藤は議会を除名となり、その過程のゴタゴタが一因となって政界再編がはじまったのである。

また、本来なら四月から実施するはずの四〇年度の政府の物資動員計画(国家総動員計画の中心となる生産資材の配分計画)は、前年の旱魃《かんばつ》に加え、アメリカの通商航海条約破棄により陸海軍が勢力圏の拡大や日米戦争を想定して一層の軍備増強を決定したため作成が難航した。六月二九日にようやく正式決定したものの、結局民需(民生部門の需要)を予定より大幅に削減した。(57)

これに伴い商工省は、七月七日からぜいたく品の製造販売の原則禁止(七・七禁令)を実施した。当面の日常生活には大きな影響はなかったが、戦争景気の影響で多くの人が味わいはじめていたささやかなぜいたくは、少なくとも物の面では次第にむずかしくなっていくのである。

3　七・七禁令と観客の動向

映画の七・七禁令

内務省、文部省の担当官は六月末から映画検閲の強化を検討しはじめ[58]、七月七日、七・七禁令の実施と同時に製作・興行両面の映画統制強化を発表した[59]。検閲関係の具体策は、①脚本の事前審査を強化し、必要なら何回でも訂正を命じる、②「健全な国民娯楽映画で、積極性あるテーマを希望」、③「喜劇俳優、漫才等の出演は現在は制限せぬが目に余る場合は制限」、④「小市民映画、個人の幸福のみを描くもの、富豪の生活を扱つたもの、女性の喫煙、カフエーに於ける飲酒場面、外国かぶれの言語、軽佻浮薄の動作等は一切禁止」などであった[60]。映画の内容への行政の介入規模が大幅に拡がったのである。

内務省警保局の渡辺捨男《わたなべすてお》は、その意図を一般向けの映画雑誌で次のように説明している。七・七禁令以後は「単なる娯楽」すなわち「単に見て笑ふ泣く娯楽」を「長時間見てゐることは贅沢と見做《みな》され、いけない」ので、「業者が反省しなければ〔中略〕映画撲滅もあり得る」。しかし、映画法が期待するように映画が「指導性、健全性」を帯び、「国民精神作興《さっこう》の媒体となれば、国家の用にこそたて、映画が無用といはれることは無い」。

加えて、「積極性といっても〔中略〕狭義に囚《とら》はれれば、映画を見に行くことが、説教を聴きにゆくのと選ぶところが無くなってしまふ」と、娯楽性を残しつつ国家性をも付与することが映画の生き残る道であると説き、一般の人々に対しては「今までのやうな映画に飛びついて来るのを止めて積極性あるものを受け入れる態度」を求めた[61]。

さらに渡辺は、映画評論家たちとの座談会では、「インフレである為めか〔中略〕人心に於て非常に悪くなつた所がある〔中略〕さう云つたことは東亜の指導〔国家?〕としての日本の為に誠に遺憾〔中略〕大衆に基礎を置く映画こそは〔中略〕真の日本人を作る力を持つて居る」と述べた[62]。

要するに戦時体制下では娯楽も明確な国家的有用性がなければ存続できず、インフレに踊る現状では日本国民に東アジアの指導者としての自覚が見られないとして、国民である観客や製作者に映画に関する意識改革を求めたのである。その際〝娯楽としての映画〟には、特定の国策の宣伝というような直接的な効果ではなく、あくまで国民教化、換言すれば国民の質的向上を期待していたのである。

注意しておきたいのは、右の座談会で、渡辺が「事変下であればこそ、文化〔中略〕をないがしろにして、唯《ただ》儲ける一方ぢや、これはいかん」と述べたのに対し、田中三郎《たなかさぶろう》（『キネマ旬報』主宰者）が、「われわれが二十年以上やって来たのは、映画界のそれ〔儲け主義〕と闘って来たのです。だから僕等としては映画文化に関する限り、精神的には我が世の春なんです」と答えていることである。

これがあながち監督官庁への迎合ではなく、むしろかなりの程度本心であることはここまでに出てきた多くの映画評論家の論調から明らかである。戦時下において戦争への批判を持たない芸術映画と国策映画は、高尚さを求めるという点で限りなく同一性が高まっていたのである。実際、四一年春には、映画評論家から「日本映画として非常に立派な映画」なら「広い意味の国策映画」[63]という議論まで現れるのである。

製作現場の混乱

検閲強化に伴い各社の映画製作現場が混乱して、正月と並んでかき入れ時であるお盆の新作封切の予定に狂いが生じた。[64]そして脚本の事前審査に合格した完成作品の検閲で、日本製劇映画では映画法施行以後初の保留処分が発生した。いずれも東宝の作品で、八月封切予定ですでに広告も打たれていた。『当世五人男《とうせいごにんおとこ》』は吉本興業の演芸人たちが多数出演して芸を披露する典型的な「見世物映画」であったが、「内容が非現実的すぎる」として保留、『上海《シャンハイ》の花売娘《はなうりむすめ》』は『支那の夜』と同じ小国英雄の脚本による、『支那の夜』の姉妹編というべき内容となっていたが、「内容が低調にすぎる」として保留となった。[65]前者は大幅に内容を削除し、『明朗《めいろう》五人男』と改題したが、結局非一般用映画として一一月二〇日に封切られた。後者も『姑娘《クーニャン》の凱歌《がいか》』と改題、改訂の上一一月二六日に封切られた。また、『蛇姫様』の続編(八月一四日封切)も非一般用映画に認定されたが、封切興行は三週続映という好調ぶりで四〇年の東宝封切作品興行収入の第五位となった。

東宝の対応

ただし、東宝は検閲官や評論家から批判されるような作品ばかり作っていたわけではない。七月三一日封切の『小島《こじま》の春《はる》』は、当時評判となっていた、岡山県にある国立のハンセン病療養所の女性医師による手記を原作とし、東京発声が製作し、東宝が配給した作品で、ハンセン病への偏見と闘う医師の姿が描かれている。行政の協力があったにもかかわらず、現地での撮影は現地住民の猛反対に会い、その紛糾が県内で報道され、結局別の地域で撮影を続行する(66)といういわくつきの作品であった。

この映画は、文部省から非一般用に認定されながら、ハンセン病への関心や理解の喚起に役立つことと芸術性の高さを理由に文部省推薦映画にもなる(67)という異例の形となった。非一般用指定の理由は公示されないため不明だが、前に紹介した非一般用映画の認定基準をふまえると、おそらくハンセン病患者の登場場面が低学年の児童に恐怖を与える可能性であろうと推定できる。戦争に直結するわけではないが、ハンセン病対策が国の施策の一つであった以上、この映画は国策映画とみなされたと判断できる。

43 『小島の春』 左より夏川静江・中村メイコ

この作品の宣伝は最初から高学歴者・知識人向けに行われ、東京での封切興行では芸術映画としては異例の二週続映となったがそれ以外の地域では続映に至らなかった。その原因は、「観客層の文化的教養や趣向が、この種の映画の興行に及ぼす明らかな反映」と観察された(68)。やはりこの種の映画が庶民に喜ばれるものではなかったことが明らかである。

また、東宝は陸軍の企画、指導、全面的協力をあおぎ、紀元二千六百年記念映画と銘打って、陸軍航空兵の教育や中国戦線における陸軍航空部隊活動を描いた現代劇映画『燃《も》ゆる大空《おおぞら》』を製作した。これは当時洋画上映館で盛んに上映されていたアメリカ製の一連の「航空映画」の影響を強く受けた作品で、「我が空軍に対する国民の関心を高め、理解に資するところ甚大」という理由で文部省推薦映画となったので、国策映画とみなすことができる。

この映画は陸軍機を大量に使った飛行場面が評判となり、(69)九月二五日からの封切興行では三週続映という好調ぶりで四〇年の東宝興行収入第三位となった。しかも、のちの陸軍の調査によれば、陸軍少年飛行兵の約六割の応募の動機がこの映画であるという大きな影響をもたらした。(70)

44 『燃ゆる大空』 左に灰田勝彦

後で見るようにちょうど文部省が学生・生徒の映画館における映画観覧の制限に乗り出した直後の文部省推薦映画となったため、少年層の観覧客が多かったことがうかがわれる。つまり政策的な動員という面も少なくなかったのである。東宝は迎合や反抗ということではなく、あくまで採算性を確保した上での多様な映画の製作という方針を堅持していたのである。

面従腹背

また、松竹も後で述べるように同社初の本格的な戦争映画『西住戦車長伝《にしずみせんしゃちょうでん》』を製作中であったし、松竹の城戸四郎《きどしろう》は、八月下旬に「新体制下の今日、更に一段の飛躍発展に呼応する意図に於て、その基礎方針をあらゆる角度から検討し、新しき分野〔の〕積極的開拓、督促を強化拡大、益々時局下の国民文化の繁栄を祈り」と製作方針の転換を声明した[71]。

しかし、城戸が本気ではなかったことはすでに見た通りであり、東宝でも幹部(おそらく森岩雄《もりいわお》)が撮影所員に従来と方針は変わらないと言明したり[72]、やはり幹部(取締役那波光正)が一般向けの映画雑誌で、「現在取締当局の一部の人達が強調してゐるやうに国策性を極端にその内容に盛るといつた議論は娯楽の本質的意味を穿《は》き違へてゐる謬見《びゅうけん》」で、「明るく、楽しく、面白い物を安く提供する」ことこそ「国民に明日の元気の糧を与へるもの」であると述べた[73]。業界は面従腹背の方針をとっていたのである。

ナチスドイツとの比較

興味深いのは、那波が右の引用に続いて、「現に独逸の娯楽統制もこうしたものであると聞いております」と、ナチスドイツの映画政策は国民の息抜きのための娯楽映画重視であると指摘している点である。これは事実で、ナチスドイツでは国策映画はごくわずかしかなく、大部分の作品は娯楽映画であった。ただし、内容については現実の政治や社会への批判をさけたり、戦争の厳しい現実が映画の中に入りこまないよう政府によって一定の枠がはめられていた。(74)

ドイツの映画法は、反政府・反社会的でない限りで国民の大多数が求めるような映画が作られやすい環境を生み出す役割を果たしていたのである。

当時の日本では、政治介入を好む一部の官僚や軍人、国家社会主義を奉じる一部の政治家や言論人によるナチスドイツ礼賛の言論が目立っており、映画法もナチスドイツに範を求めたともいわれている。(75)それを考えると検閲当局の映画政策がナチスドイツと大きく異なることは一見不思議である。

この時点での日独の政治体制の違いと、先に引用した渡辺の、映画を東アジアの指導者としての日本国民を作る手段とみなすという考え方をふまえると、そのなぞが解けてくる。

すなわち、ドイツの場合は、ナチスによる一党独裁体制が確立しており、映画にまで国民を教化統合する役割を担わせる必要はなかったが、日本では政党は政権を握っておらず、政府が行っていた国民精神総動員運動も人気がなく、ナチスにならった独裁政党づくりを目的とした新体制運動はまだ流動的であり、官僚としては国民の教化統合のための手段が不足していたという認識だったのである。そこで映画も教化統合の手段として重要視されたのである。

映画新体制

製作面の刷新については、内務省は濫作防止のための製作本数の制限とそれに伴う興行形態の変更を求めた。これに対して業界各社は協議の上、八月一三日に内務大臣に案を提出した(東宝と松竹の対立は四〇年二月以後緩和し、四月には六社連盟による東宝ボイコットは解消していた)[76]。その要旨は、①興行時間は一回二時間半とし、ニュース映画と短編の文化映画は時間外とする、②四一年一月から劇映画新作の封切は原則として各社一週に一本(すなわち製作本数半減)、③正月・日曜・祭日以外の興行は正午から午後一〇時までとする(早朝興行廃止)というもので、内務省は基本的にこの案を承認した[77]。

この措置は映画業界の再編を促し、極東は九月に大宝映画と改称、梅田宝塚劇場㈱傘下に入り、全勝は一〇月に松竹に買収され、四一年一月には興亜《こうあ》映画と改称した。ニュース映画も四〇年四月に設立された社団法人日本ニュース映画社(のち日本映画社)製作の『日本ニュース』(毎週封切)に一本化された。

このように七月七日に内務省が打ち出した一連の方針は映画界に大きな影響を与えたので、当時政界で進行していた新体制運動にちなんで映画新体制とも呼ばれた[78]。

興行面に関しても自粛が求められた。内務省は八月七日に映画製作各社に広告の自粛を要請、東京では警視庁の指導により、東京興行者協会が、九月一日から興行時間の制限(午前興行の廃止)、一〇月一日から広告の自粛などの申し合わせを実施し、アドバルーン、立看板などの派手な広告は取りやめ、ポスターなども減らし、映画館入場料の上限を一円二〇銭とすることになった[79]。これらの措置は他道府県でも行われたと思われる。ただし、入場料は四一年八月に政府が停止措置を講じるまで全国的に上昇が続いた[80]。興行者協会とは興行場の経営者の団体で、映画法施行後、道府県の警察の指導で道府県ごとに設置が進められていた。

学生・生徒の観覧制限

さらに、文部省も「学生生活の新体制」を八月三〇日に道府県知事などに指示した。映画関係では、学生や生徒(児童)の映画館入場は、教職員の指導する場合や文化映画やニュース映画のみの上映か、文部省推薦映画を上映する場合を除き、土日・祝祭日のみに制限した。(81)

これに関連して、映画法施行後の児童・生徒の映画館入場については、四〇年一月段階の東京での調査によれば映画館側は学校がこれまでよりも映画観覧禁止を強化したと認識していた。そのため二割五分の館で小学生の入場が減り、小学生が重要な顧客であった大都映画上映館の場合、実演館(演劇・講談・浪曲などの公演場所)に転換した事例もあった。(82)

結果的に四〇年の有料映画観覧者約四億四〇〇〇万人(常設館のみでは約四億五〇〇〇万人)のうち小人は約六二六〇万人で、率で七人に一人に減少したのみならず、はじめて実数でも減少した。映画法施行の影響は明らかである。

しかしながら、「興行者の方でいくら規則を厳守しようとしても、子供連の客などが、折角来たのだから入れたつていゝぢやないかと云ふやうな事で無理に入場して了《しま》ふとか、年齢を偽つて入場しようとする子供があつても、証拠のない事とて無下にも断れず入れて了ふとか、又実際年齢の識別がつかないと云ふ事情もあつて、非一般興行に児童の入場して居る事実は、相当多い」ため、教師が映画館を見回るという状況になっていた。(83) 要するに、教育的見地からは映画法の運用が不十分だとしてこの措置がとられたのである。なお、これらの場合、子供は大人料金で入場したであろうから、入場者統計では大人に数えられているはずである。

文部省の措置には父兄からも一定の支持があったと思われる。三月に行われた京都のある小学校の保護者に対する一般用映画に関する意識調査では、まだ一般用映画についての認識が薄いため無回答も多かったが、子供に見せたいような一般用映画がないという趣旨の回答が多く、中には「小生映画製作に関係ある者ですが、一般用映画なるものゝ現在の有様では程度が非常に低い」と、製作者自身が程度の低さを認める回答まであった(84)。

ちなみに、全日本映画教育研究会の会員一八七名を対象とする四〇年八月段階の調査では、児童に見せたくない一般用映画として、『残菊物語《ざんぎくものがたり》』、『愛染かつら』、『支那の夜』、明治中期の東京を舞台にエノケンがスリに扮した喜劇映画『エノケンのざんぎり金太《きんた》』(四〇年三月二七日封切)などが主に槍玉にあがっていた(85)。そしてこれ以後、エノケン物や長谷川一夫主演物、股旅物は再上映作品を含め、大部分が非一般用映画に認定されていく。

新体制運動と映画

こうした中、七月二二日に第二次近衛文麿内閣が成立し、新体制運動(86)は内閣の最重要政策となった。その内容は「基本国策要綱」として公表された。運動の大目標は、日本を盟主とするアジアの国際秩序(大東亜新秩序)を作る、つまり日中戦争を日本に有利に終わらせ、かつアメリカから経済制裁を受けても困らないようにアジアを日本の経済圏とすることであった。

そしてその実現のために、政治面では、国民に私欲を捨てさせ、公益優先の原則による国民の国家への協力を引き出すことをめざした。具体的には、独裁政党に国民を参加させて意識改造をするという形で政治を事実上の全体主義体制に変革し、経済面では軍備増強のために国民を長期間質素な生活に耐えさせ、外交面ではその軍事力を背景に大目標を実現するというのである。

この運動は、全政党が解散して議会の主流派（保守系）と非主流派（国家社会主義者）、陸軍、官界などが入り乱れる主導権争いの末、一〇月一二日、近衛首相を総裁とする大政翼賛会《たいせいよくさんかい》の創設となった。東宝の宣伝誌『東宝映画』には、同会国民生活指導部長喜多壮一郎《きたそういちろう》が就任早々に寄稿している。(87) これは、事実上同会の映画対策を表明したものといえる。

喜多は元来保守系の政党の一つである民政党の代議士であったが新体制運動にあたって議会の非主流派に走り、翼賛会幹部の座についた政治家である。彼は寄稿した論説の中で次のように述べている。

いわゆる「文芸映画」が「一応現代の良識と良俗を示現〔ママ〕し通俗的な娯楽映画よりも遥《はる》かに健全な美を表現した」が、その数は少なく、質も満足できるほどではない。「娯楽映画は何よりも従来の脆弱《ぜいじやく》性頽《たい》廃《はい》性その日暮らし的性格を止揚《しよう》し、取材領域をひろめ、主題に積極性を与へ、国民大衆に対する文化的な啓蒙性を担ふものとならない限り、一層の後退を余儀なくする」であろう。なぜなら、そうでなくては映画の「総力戦の一翼たる意味は完全に失はれるから」である。娯楽映画が「従来の低俗な娯楽性〔中略〕を止揚するには〔中略〕商業主義的な企業性をも止揚しなければならない」。

つまり、翼賛会は映画に戦時下における国民の質を高める役割を求め、そのために映画産業に公益優先の姿勢を求めたのであり、検閲当局とほぼ同様の姿勢がうかがわれる。同会はその後映画への介入はそれほどではないが、他の大衆文化には同様の方針で介入していく。[88]

しかし、近衛は政府主導という運動のあり方では徹底した変革はむずかしいと考えて内心はやる気を失っており、翼賛会自体、人事をめぐって各政治勢力の対立抗争が続く。内務省も、翼賛会の地方支部長について知事（当時は内務省からキャリア官僚を派遣）の兼任を主張したり、隣組《となりぐみ》制度を内務省の下部機関として全国的に義務化するなど、地方行政に関する権限を翼賛会にとられないよう必死に努力していた。結局翼賛会は、幹部になれなかった保守系政治家たちの反発や、権限を守ろうとする内務省の巻き返しにより四一年四月には政治団体としては無力化した。

45　大政翼賛会の創設

こうなった背景には、新体制運動の理念が観念的で難解のため国民に理解されなかったことや、大政翼賛会の位置づけがわかりにくかったため、この運動が国民から積極的な支持を得られなかったことがあった。しかし七月の第三次近衛内閣成立にあたって新体制運動に抵抗した議会主流は政権から完全に排除され、日本の政治は責任ある指導力を欠いた状態が続いた。結局、この時期を通して映画統制は政治運動の一つではなく、行政事務の一つであったし、以後もそうなのである。

また、松岡洋右《まつおかようすけ》外相はアメリカの封じ込め

をねらって日独伊三国同盟を九月二七日に締結するが、松岡の期待に背きアメリカは反日姿勢をさらに強めた。

紀元二千六百年奉祝週間の大ヒットは『孫悟空』

こうした中、一一月一〇日、快晴の宮城前広場に全国や各界から五万人を集め、天皇・皇后臨席の下で政府の紀元二千六百年祝典が行われた。そのため事実上休日週間となった一一月第二週に主要都市で大ヒットしたのは、エノケン主演の二時間を超える東宝の大作『孫悟空《そんごくう》』前後編（一一月六日封切）であった。「はじめに」で述べた、この研究のきっかけとなった楽しい映画とはこれである。

この映画はこの時期のエノケン物には珍しく一般用映画で、天竺《てんじく》をめざす三蔵法師《さんぞうほうし》一行の行く手に立ちふさがる妖怪たちに孫悟空が立ち向かうという筋立ての、中国の明時代に作られた著名な伝奇小説『西遊記《さいゆうき》』を自由に翻案したミュージカル仕立てのドタバタ喜劇である。

孫悟空にエノケンが扮し、高勢実乗《たかせみのる》や高峰秀子《たかみねひでこ》など東宝のスターが共演し、人気歌手の李香蘭・渡辺はま子・服部富子《はっとりとみこ》などの歌を折りまぜ、東宝舞踊隊（九月に日劇ダンシングチームを改称）がダンスを多数披露する。オペラ、ジャズや漫画映画（『ポパイ』シリーズやディズニーの『三匹のこぶた』、『白雪姫』、『ピノキオ』。最後の二つは当時日本未公開）の音楽や物語のパロディーも多く取り入れ、円谷英二《つぶらやえいじ》の特殊効果による空中戦の場面まである、吉本興業物よりやや上品で盛りだくさんな内容の「見世物映画」である。

この映画は、エノケン物の大部分と同じく批評家からは酷評を受け、特に津村秀夫には「愚劣大作」「日本映画界の恥辱」とまで罵倒された。(89) しかし、異例なことにこの映画は日劇の封切直後に主要な直

46　**『孫悟空』**　左より中村メイコ・岸井明・榎本健一・金井俊夫

47　**『孫悟空』広告**（『キネマ旬報』730、1940年10月）

営館でも同時上映されて（通常は日劇のみで先行封切）各館を満員にし、特に一一月一〇日の日劇では一日の入場者数が二万人を超えて開場以来の入場人員の新記録を作り、翌一一日にさらにその記録を塗り替え、[90]四〇年の東宝の封切興行収入第四位となった。日劇のすぐそばの宮城前広場の祝典会場が紀元二千六百年奉祝会主催の奉祝会終了後に一般公開されて見物客が殺到したという有利さがあった上、[91]他社は検閲強化の影響などでこの週に自信作をぶつけることができず、他の都市でも一人勝ちとなった。[92]

この映画が多くの子供たちに喜ばれたことはまちがいない。当時八歳で東京の下町に住んでいた作家小林信彦《こばやしのぶひこ》氏は、封切興行で観て楽しんだだけでなく、孫悟空が如意棒《にょいぼう》を飛行機に変える際の「イー、リャン、サン」という掛け声が子供の間ではやったという[93]し、東京の山の手に住んでいた当時五歳の久《く》世光彦《ぜてるひこ》氏（演出家、作家）もこの映画を観、「〽空飛び、土もぐり、水をくぐれるのは」という歌い出しの主題歌を歌ったという。[94]また、『西遊記』研究で知られる中国文学者の中野美代子《なかのみよこ》氏も、当時小学生としてこれを観て楽しんだのが『西遊記』との出会いであった。[95]

『孫悟空』は国策映画か?

ところで、なぜか最近この映画には中国侵略を肯定する国策映画的な意図が隠されているという説が多く出されている。[96]しかし、そもそも政府はこの映画を国策映画と認めておらず、この映画の当時の広告の宣伝文句は「甘い夢物語★美しい魔法の世界」[97]などと国策的な言葉は一つもなく、当時の文献や回想を読む限り、封切当時の人々がこの映画を国策映画とみなしていた兆候はまったくない。『孫悟空』は、現代の視点からは国策映画のように見えるかもしれないが、歴史的にはそうした解釈は成り立たないのである。

なお、映画の後半で中国の親日政権（汪兆銘《おうちょうめい》政権）下の国策映画会社中華電影《ちゅうかでんえい》[98]の新進女性俳優汪洋《ワンヤン》[99]が端役で出演して中国語で歌を歌うが、これは東宝と中華電影が提携作品を製作するため来日した汪を急遽活用したためで、当初から予定されていたわけではなかった[100]。

国策映画『大日向村』

『孫悟空』が各直営館で異例の同時上映となった原因は、満洲農業移民の姿をまじめに描いた芸術映画と評価された[101]、前進座出演、東京発声製作、東宝配給の劇映画『大日向村《おおひなたむら》』（一〇月三〇日封切）の興行成績があまりに悪かったためであった。日劇での封切興行だけは一応二週続映となったが、それはエノケンの舞台公演を併演したためであった[102]。

この映画は、一九三七年から三九年にかけて分村移民（村の一部を「満洲国」に移す形の移民）を実行した長野県大日向村の実話を基にした和田伝《わだつとう》執筆の同名の小説を劇化した前進座公演をもとにしている。最後の方には、移民希望者の恋人であるのに病気で村を離れることのできない女性が、恋人がこころおきなく移民できるように自殺するという衝撃的な場面もある。しかも、満洲移民が現地住民の犠牲の下に進められ[103]、さらに移民たちが四五年八月の敗戦時に悲惨な境遇に見舞われ、残留孤児や残留婦人問題が起きたことを知っている立場からは直視するのがなかなかつらい映画である。

この映画は、製作準備開始直後の三九年一二月二三日に、映画化を知った関係団体が集まってつくられた「大日向村」映画化委員会の指導下に製作された。同委員会の参加機関は、満洲移住協会、農林省

48 『大日向村』広告（『キネマ旬報』729、1940年10月）

経済更生部、拓務省、陸軍省、文部省、「満洲国」、南満洲鉄道㈱東京支社、満洲拓殖公社、東京発声、東宝、前進座である。(104)

日本政府は三九年一二月二二日に「満洲開拓政策基本要綱」を決定し、「満洲国」の植民地化を進めるために計画されながら従来不調だった日本人の満洲への移民政策の一層の遂行を図ろうとしていた。(105)この映画の製作はこの動きと明らかに連動している。もちろん封切時に「我が国の農業政策並に拓殖政策上極めて重大な意義を持つ」などという理由で文部省推薦を受けた国策映画である。

この映画は、封切以後満洲農業移民が急増したことから、「宣伝効果がはっきりと確かめられる」国策映画の事例とされており(106)、たしかに四一年三月に長野県の農村で行われた行政機関主催の上映会で非常な好評であったという事例もある(107)。しかし、大都市部の映画館での興行は不振であり、熊本県でも同様であった[108]。

また、原作は講談としても広まったほか、満洲農業移民の勧誘にはパンフレット、行政機関の担当者の巡回による説得など映画以外の手段も使われ、それが動機となっている事例も多い[109]。しかも先に紹介した長野県の例は近所にすでに分村移民(村の半数が移民)した村があり、日米関係の悪化で主要産品の蚕糸の輸出が減って経済的に苦境にあった地域であった[110]。

つまり、この映画が移民を決意する主な理由となったという明確な事例は見られず、むしろすでに移民を考えていた人々の背中を押す程度の効果しかなかった可能性が高い。

4　時局の緊迫化と映画臨戦態勢

情報局の設置と映画雑誌統制

年末の一二月六日、内閣情報部を拡充する形で情報局《じょうほうきょく》が内閣に設置された。情報統制や啓発宣伝を担当する関係で文化行政も扱うこととされ、映画に関しては、啓発宣伝は第五部第二課、検閲は第四部第一課が取り扱うこととなった。

映画法も改正され、事実上、同法は従来の内務省と文部省に加え、情報局も共管となった。そのため第四部第一課は内務省警保局検閲課と全員兼務とし[111]、文部省からも映画法立案に携わった不破祐俊《ふわすけとし》が第五部第二課長に出向し、事実上映画行政の中心は情報局となった。

これと前後して、以前から懸念されていた生フィルム減量が現実のものとなり、一一月末には一〇月にさかのぼって生フィルムの配給制がはじまることとなった[112]。さらに、「映画が大衆娯楽から一躍新体制下の国民文化財に急回転しつゝある際これに伴い[113]」映画雑誌も統制の対象となった（第一次映画雑誌統制）。内務省の指導で、四〇年末までに『日本映画』、『映画教育』が残ったほかは、四一年一月以後合計一一誌に統合された。約四分の一に削減されたわけである。『キネマ旬報』は『映画旬報』に衣替えした。バブルのような戦争景気の時代は過ぎ去りつつあった。

「日劇七回り半事件」

その後の映画興行の状況を見ると、年末には、さきにふれた松竹の『西住戦車長伝』（一一月二九日封切）が封切興行で三週続映となった。この映画は戦車隊で活躍して戦死した軍人の伝記映画で、陸軍省の後援を得、「我が機械化部隊に対する国民の認識を深め、信頼の念を高からしむる」という理由で文部省推薦も得た国策映画である。しかし、この場合もこの種の映画特有の学生や青年団の団体参観が多かった(114)。つまり『燃ゆる大空』にもみられた政策的な動員の結果による大ヒットであった。

当然、松竹には珍しく男性向けの作品となったが、従来の顧客である女性には不評であったようで、前にも引用した『映画旬報』創刊号での談話記事(115)で城戸は、この映画が一応女性客にも受けたとはしながらも、「第二、第三の『西住』を作ることは避けたい」と述べ、「婦人観客を粗末には決してなさらないという訳ですね」という聞き手の問いに対して「勿論です」と答えている。

結局、四〇年の文部省推薦映画の邦画劇映画二〇本のうち各社の封切興行成績の五位以内に入ったのは本作品と『燃ゆる大空』だけであった。

四一年の正月興行は再び前年を超える好況で、長谷川一夫・李香蘭の主演で、今度は中国の華北地域を舞台とする『熱砂の誓い』が大ヒットした(116)。二月一一日には、李の演奏会に入場しようとする数万人の観客が日劇を取り巻いて混乱が起きたことが社会問題化した有名な「日劇七回り半事件(117)」が起きた。この事件を機に娯楽のあり方が主要新聞紙上で議論となる(118)など、「為政者に健全娯楽への猛省をうながした」が、少なすぎる映画館と多すぎる観客という矛盾の解決策は、「時局で押しつけられた一般大衆の反発心の捌《は》け口を他の娯楽へと転進」させることで、特に「屋外に於ける娯楽」が最適とされた。[119]

実際、四〇年八月以降、行政（厚生省や地方行政機関など）は、労働力の維持増強を図る観点から国民の身体や精神の健康増進を図り、かつ「健全娯楽」をひろめるため厚生運動という事業に乗り出していた。具体的にはハイキングをはじめとするスポーツの奨励が中心である。しかし、人々の反応は必ずしも行政の期待通りではなかった。運動のためと称して観光旅行をする便乗組が少なくなかったり、平日の仕事で疲れた体を日曜日の朝から動かすことをいやがる雰囲気が少なからず存在したのである。[120]

なお、四一年元旦からニュース映画（『日本ニュース』）の強制上映が開始され、常設館の約八割（一八八八館）で上映されはじめたが、最新版が上映されるのは三分の一弱の五七〇館に過ぎなかった。[121]

映画臨戦態勢

四一年一月以後製作制限が実行され、この年の封切本数は四〇年から半減の二五〇本となった。そのため従来のような各社ごとの毎週二本〜三本立て新作封切興行は不可能となり、一本立て興行となった。その上、旧作の人気作（田中絹代、長谷川一夫、エノケン、チャンバラスター主演作など）による穴埋め興行が増えたが、「旧作蒸し返しの興行が下手な封切映画より（中略）ヒツトする理由は今の日本映画が楽しめなくなつて来たといふことが最も大きな問題である」という状況となった。[122] 前年後半からの統制強化によって邦画の劇映画はつまらなくなり、新作より旧作の方が人気を集めていたのである。

しかも四一年八月一八日、生フィルムが一段と減量されることとなったことから、情報局が製作本数のさらなる削減のため映画業界の再編をはかる映画臨戦態勢構想[123]を提起した。おそらく生フィルム減量の原因は、六月の独ソ戦勃発による陸海軍の方針変更に伴い、決定が遅れていた四一年度の物資動員計画がさらに民需を圧縮する方向で修正されたこと（八月二一日に閣議で正式決定）[124]であろう。

情報局は、劇映画関係については、製作・配給・興行の三部門を分離し、配給は公益法人（のちの映画配給社）に一元化し、製作部門は二社として毎月二社あわせて四本製作して一本につき五〇本プリントするという案を業界に提示し、第五部長川面隆三《かわつらりゅうぞう》自身も乗り出して推進を図った。[125]しかし、九月下旬にいたり、製作部門については、新興の永田雅一《ながたまさいち》の工作で、東宝、松竹と、日活・新興・大都の合同による新会社（のちの大《だい》映《えい》）の三社とし、一社につき毎月二本ずつ製作、一本につき五〇本プリントという案で固まった。すでに他の物資で広がっていた配給制が映画にも事実上持ち込まれることになったのである。

49　映画臨戦態勢　上の写真・左より３人おいて不破祐俊・川面隆三、下の写真・左より城戸四郎・森岩雄・永田雅一

再編案が固まるまでの一ヵ月あまり、映画業界は大きく動揺し、当時「臨戦体制に備ふる術なかつたとみえて各社の製作不順は映画興行界を極度に沈滞せしめた」[126]。

さすがの情報局もあわてたらしく、一一月一三日に製作各社に「最近の作品が一般に硬すぎる感あるに鑑み、豊かな娯楽性を与へるやう要望[127]」した。その背景には、「映画も『弾丸』である。一発の不発弾もあつてはならぬ[128]」、つまり、限られた資材を使う以上、不人気な映画を作られては困るという考え方があった。もちろん、従来のような娯楽映画を是認したわけではない。

しかも、四一年八月に統制されるまで入場料が上昇し続けた（東京の場合、大人の平均額が三八年の二六銭から六四銭に上昇[129]）にもかかわらず有料の映画観覧者数は増え続け、四一年は約四億六三〇〇万人（常設館は約四億三八〇〇万人）となった。映画館数もこの年二四七二に増え、結果的には敗戦前最多となった。

その原因は軍需産業の好況で生じた購買力が物資統制の拡大の影響で興行方面に向かったためとみられていた[130]。それはある映画館主の言葉を借りれば、「今日、誰も彼もが娯楽といふものに餓ゑてゐる。それに何のかんのと仕事が多過ぎる近頃、長時間の娯楽よりも、短時間で愉《たの》しめるもの、その手近なものとして、映画がイの一番に執り上げられてゐる[131]」ということであった。

なお、小人《しょうにん》の観覧者数は約六四〇〇万人で、実数では微増であるが比率では七・五人に一人と減少傾向が続いた。

やっぱり不人気の国策映画

ただし、国策映画の不人気は相変わらずであった。東宝製作の現代劇『馬《うま》』（三月一一日封切）は、東北の農村を舞台にし、陸軍の後援を得て製作された大作で、「芸術的価値」とともに「軍馬育成の労苦を描」いた「愛馬思想の普及の意義」を認められて文部省推薦となった国策映画であるが、東京での封切興行以外はおおむね不振であった(132)。

そうした中、五月に情報局が国民映画の製作に乗り出した。その趣旨は「国民生活に根ざし、高邁《こうまい》なる国民的理想を顕現すると共に、深い芸術味を有し、延いては国策遂行上啓発宣伝に資する国民映画の樹立を目指(133)」すというもので、国民映画とは「広く国民全体のための映画」と定義された(134)。政府が芸術性の高い国策映画の継続的な製作に積極的に乗り出したのである。官僚たちは、営利企業にだけ任せていては映画法にいう映画の質の向上はなかなか期待できないとみなしたのである。

具体的には、脚本募集と主要製作会社への製作委嘱が行われたが、先に結果が出たのは脚本募集で、二〇〇編以上の応募があったものの一二月二日の受賞決定では最優秀賞にあたる情報局総裁賞は該当作なしで、優秀賞にあたる情報局賞はのちに名監督として知られる黒澤明の『静《しず》かなり』など三編が受賞した。黒澤は当時東宝の助監督で、山本嘉次郎《やまもとかじろう》の下でエノケン映画や『馬』などの製作に従事していた(135)。『静かなり(136)』は、建築学者の父と化学者の息子を主人公とし、息子の召集を二人が悠々と迎えるという物語であるが、映画化には至らなかった。

製作委嘱の方は、年内に公開されたのは東宝製作『川中島合戦《かわなかじまかっせん》』(一一月二九日封切)と興亜製作『元禄《げんろく》忠臣蔵《ちゅうしんぐら》』前編(一二月一日松竹系封切)であるが、前者は長谷川一夫主演にもかかわらず興行成績は振るわず、後者は惨敗であった。いずれもまじめすぎたのである(137)。

ほぼ並行して行われた日本映画雑誌協会主催、情報局後援の国策映画脚本募集は当選作が出た。題材が、「軍事映画」、「防諜《ぼうちょう》」つまりスパイ防止、「時局下の新生活体制」、健康、生産力拡充、中小工業者の心構え、学生生活などと具体的に提示されていたためであろうか。当選作はまたしても黒澤明の

『雪《ゆき》』である。(138) 今度は山村を舞台にした米の増産を主題とする人情喜劇であったが(139)、やはり映画化には至らなかった。

また、東宝製作の『八十八年目《はちじゅうはちねんめ》の太陽《たいよう》』(一一月一五日封切)は軍艦建造を題材とし、「時局の重大性とこれに処する従業員の心構へとを教へる点」を評価されて文部省推薦となった国策映画であるが、やはり興行的には惨敗した。国策映画の前途は多難であった。

城戸四郎は太平洋戦争開戦直後にこうした状況を「指導性をいくら盛込んでも、人情味が無くては、観客大衆は映画を見向きもしない様になる。近頃その傾向がひどくなって来た(140)」と公然と批判していた。

太平洋戦争の勃発

こうした中、第二次近衛文麿内閣は日米関係打開のため日米交渉を開始するが、松岡洋右外相が四月に日ソ不可侵条約を結んだことから難航し、松岡を更迭して七月に成立した第三次近衛内閣も、アメリカ、イギリスの中国への軍事援助を止めようと七月に軍隊をフランス領インドシナ(現在のベトナム)南部に派遣したことから、アメリカは日本に経済制裁を実施、日米交渉は行き詰まり、近衛は一〇月に政権を投げ出した。

50　真珠湾攻撃

代わって陸相の東条英機《とうじょうひでき》が内閣を組織、中国大陸から手を引けというアメリカの要求を日本がのめなかったため日米交渉は決裂し、一二月八日、ついに日本海軍の航空隊がハワイの真珠湾にあるアメリカ海軍基地を攻撃し、日本は自存自衛と「大東亜共栄圏」建設を掲げてアメリカほか四ヵ国に宣戦布告した。太平洋戦争の開戦である。当日まで上映されていたアメリカ映画は以後敗戦まで公の席で上映されることはなかった。映画興行をめぐる状況はどうなっていくのだろうか。

（1）「景況」（『キネ旬』七〇四、一③）八九、九二〜九三頁。
（2）拙著『戦時議会』（吉川弘文館、二〇〇一年）七二〜八六頁。
（3）詳しくは拙著『皇紀・万博・オリンピック』（中央公論社〈中公新書〉、一九九八年）。
（4）海軍省調査課「国民輿論の推移と対策」（土井章監修『昭和社会経済史料集成』第八巻、大東文化大学東洋研究所、一九八四年）六五八頁。
（5）陸軍省調査部「世相に現はれたるインフレの様相」（同右第九巻、一九八五年）三〇〇〜三一一頁。
（6）一例として、「広告で釣る土地分譲　警視庁が厳重取締り」（『国民新聞』三九年一二月四日付朝刊）。
（7）佐藤卓己『『キング』の時代』（岩波書店、二〇〇二年）Ⅴ章。
（8）この用語については同右「出版バブルのなかのファシズム」（坪井秀人編『偏見というまなざし』青弓社、二〇〇一年）一三一頁参照。
（9）前掲『皇紀・万博・オリンピック』第四章参照。
（10）「本邦撮影所通信」（『キネ旬』六九〇、三九・八③）九〇頁。
（11）「文部省映画認定月報」（『映教』四〇・二）二七頁。
（12）「昭和十五年度映画日誌」（『昭和十六年映画年鑑』）。特に断らない限り、この年の業界動向に関しては、他の典拠を併用する場合も含め、この史料を用いる。
(13)「コンクール映画を語る」(座談会)(『キネ旬』七二〇、四〇・七①)九〇頁。
(14) 右に同じ。
(15)『都新聞』五月一三日付朝刊掲載の広告。
(16)「昭和十五年度大作・問題作の製作記録」(『映旬』一)六三〜六四頁。
(17)『キネ旬』七一五(四〇・五②)掲載の広告。
(18)『昭和十六年映画年鑑』八九頁。
(19) 同右へ一〜二頁。
(20)「映画批評」(『キネ旬』七一九、四〇・六③)四九頁(水町青磁執筆)、Q「新映画評　歴史」(『東京朝日』同年五月一八日付夕刊)。
(21)「超大作異変　大期待外れの日活の『歴史』」(『都新聞』同年五月二九日付朝刊)。
(22)「景況」(『キネ旬』七一八、四〇・六②)六一〜六二頁、「地方娯楽調査資料」(南博編集代表『近代庶民生活誌』第八巻〈三一書房、一九八八年〉の「主として府県別からみた現状希望の諸問題」の熊本県の項(一六四頁)など。
(23) 一例として、「一先ず休戦へ」(『東京朝日』同年六月二五日付朝刊)。
(24)「低調化させぬ」(同右六月二六日付夕刊〈二五日発行〉)。
(25)「革新の声起る　日活問題のその後」、「作家連声明　日活問題に」(いずれも『日映』四〇・七)一四八頁。
(26) 前掲「新映画評　歴史」。
(27) U(小林猷信)「映評」(『都』同年五月一五日付朝刊)。
(28) Q「新映画評　歴史」(『東京朝日』同年五月二九日付夕刊)。
(29) 前掲「批評」(『キネ旬』七一九)四九頁。
(30) 鴉生「企画月評」(『日映』四〇・七)七六〜七七頁。檜崎勤「映画は面白いものでなくてはならぬ」(『キネ旬』七一九)一四頁もほぼ同じ評価である。
(31)「歴史が一等入賞」(『東京朝日』六月二五日付朝刊)七面。
(32)「映画コンクール　今後も毎年続行す」(『日映』四〇・七)一四八頁。
(33)「景況」(『キネ旬』七一九)五七頁。
(34) 前掲「コンクール映画を語る」九〇頁。

(35) 注(32)に同じ。
(36) 「日本映画紹介」(『キネ旬』七一八) 四七頁、「支那の夜」(『映画とレビュー』四〇年七月) 六六〜六七頁。封切版は長谷の死を桂蘭が悲しむ結末であるという説があるが (ピーター・B・ハーイ『帝国の銀幕』〈名古屋大学出版会、一九九五年〉二五〇頁、平野共余子『天皇と接吻』〈草思社、一九九八年〉三二八頁)、誤りである。
(37) 前掲「昭和十五年度大作・問題作の製作記録」六七〜六八頁。
(38) 「批評」(『キネ旬』七二一、七②) 五七頁 (水町青磁執筆)。「日本映画短評」(『映評』四〇・七) 一四三頁も同趣旨の酷評である。
(39) 「批評」(『キネ旬』七二二) 六六頁。
(40) 前掲楢崎論説一四頁。
(41) 鴉生「企画月評」(『日映』四〇・八) 六〇頁。
(42) 山法師「映画人登録　李香蘭」(同右) 一一六〜一一七頁。
(43) 池田一夫「記録　『小島の春』の宣伝と興行」(『映旬』五、四一・二③) 二七頁。
(44) 前掲水町批評。
(45) 四方田犬彦「戦争映画論」(三宅明正・若桑みどり編『九人が語る戦争と人間』大月書店、一九九一年) 二〇四〜二一〇頁、同『日本の女優』(岩波書店、二〇〇〇年) 一一八頁、佐藤忠男『日本映画史』第二巻 (同、一九九五年) 七五頁、ほか多数。
(46) Q「新映画評　支那の夜」(『東京朝日』六月九日付夕刊)。
(47) 木村千依男「日記映画抄」(『キネ旬』七二〇、四〇・七①) 二四頁に、「夜銀座でMさんIさん達と会食の席上、最近の検閲状態の話を興味深く聴いた。『支那の夜』の話の時だつたか、脚本による事前検閲も百パーセントには安心しておられぬ」とある。
(48) 学術的文献でこの事実をはじめて指摘したのは私の知る限り加藤厚子「映画法施行以後における映画統制」(『メディア史研究』一〇、二〇〇〇年) 五一〜五二頁であり、次に引用する『新映画』の座談会は同論文ではじめて引用された史料である。それに先立って前掲ハーイ書二六三頁にもそれを示す別の史料が引用されているが、論述上ではこの事実にはあまり注意が向けられていない。
なお、右掲加藤論文四一頁では、生フィルム不足がこの措置の原因の一つとされている。確かに四月ごろから生フィルム不足による製作制限が検討されていた（注(112)の史料参照）が、当時の文献でこの要因を指摘しているものはないので、七・七禁令の要因とはいえない。

(49)「検閲の窓から（完）」（『新映画』四一年八月）六四頁。

(50)『キネ旬』七一六（四〇・五③）にもほぼ同様の宣伝文句の広告がある。

(51)清水千代太「東宝は日本映画をリードしたか」（『映画之友』同年五月）六五頁。水町青磁「邦画界」（『キネ旬』七〇二、四〇・一①）五〇〜五一頁、鴉生「企画月評」（『日映』四〇・八）六二頁も同趣旨。

(52)前掲四方田「戦争映画論」二〇七頁。

(53)「景況」（『キネ旬』七二〇）一五六頁。

(54)前掲水町批評、楢崎論説。

(55)前掲楢崎論説一五頁。

(56)田村幸彦（パラマウント映画日本支社支配人）「脚本の事前検閲その他」（『キネ旬』七二〇）二七頁。

(57)拙著『昭和戦中期の総合国策機関』（吉川弘文館、一九九二年）一三一〜一三三頁。

(58)『東京朝日』六月二八日付夕刊。

(59)「日本映画の七・七禁令とは何か」（『映画之友』四〇年一〇月）一一八頁。

(60)「時報」（『キネ旬』七二四、四〇・八②）五頁。

(61)「大衆は映画を見直せ」（『映画とレヴュー』同年一〇月）一六〜一七頁。

(62)「映画の使命を語る」（『キネ旬』七二九、四〇・一〇①）二四頁。

(63)「国策映画と諸問題座談会」（『新映画』四一年五月）四九頁。

(64)小林猷信「新体制と映画界」（『キネ旬』七二八、四〇・九③）一三頁。

(65)前掲「日本映画の七・七禁令とは何か」一二〇頁。

(66)前掲「昭和十五年度大作・問題作の製作記録」六四〜六五頁。

(67)「映画選奨・其他」（『昭和十七年映画年鑑』）。以下、四二年までの文部省推薦映画の推薦理由はこれによる。

(68)前掲「記録『小島の春』の宣伝と興行」。

(69) 水町青磁の批評(『キネ旬』七三一、一〇③)三二頁、大塚恭一、登川尚佐の批評(『映評』四〇・一二)一〇三～一〇七頁。
(70) 「校外映画引率観覧問題座談会」(『映教』四二・一二)一五～一六頁。全日本映画教育研究会常任理事金子義男の発言。
(71) 大塚恭一「日本映画の新体制」(『キネ旬』七二六、四〇・九①)一五頁。
(72) 同右。
(73) 那波光正(東宝取締役支配人)「真の娯楽は常に強し」(『映画とレヴュー』同年一〇月)一七頁。
(74) 瀬川裕司『ナチ娯楽映画の世界』(平凡社、二〇〇〇年)。
(75) NHKドキュメント昭和取材班編『ドキュメント昭和四 トーキーは世界をめざす』(角川書店、一九八六年)、一五〇、一五五、一五六頁。
(76) 「映画年表」一―二七頁、「映画界動向」二―四頁(『昭和十七年映画年鑑』)。
(77) 前掲「日本映画の七・七禁令とは何か」一一八～一一九頁。
(78) 前掲「日本映画の新体制」、「新体制と映画界」といった論説の題名にあらわれている。
(79) 「興行時報」(『キネ旬』七二八、四〇・九③)五九頁。
(80) 鵜草之助「昭和十六年度興行景気動向の諸問題」(『映旬』三七、四二・二①)五一～五二頁。
(81) 「興行時報」(『キネ旬』七二七)六二頁。
(82) 全日本映画教育研究会「六大都市における『年少者の映画観覧制限』並に『文化映画の指定上映』に関する調査」(『映教』四〇・二)。
(83) 文部省社会教育官松浦晋「一般用映画と年少者の観覧指導」(『映教』四〇・九)一〇～一一、一三頁。同号の他の掲載記事と比較して、八月上旬執筆と推定される。
(84) 京都市六原小学校石田稔「父兄と一般用映画」(『映教』四〇・七)二五頁。
(85) 「一般用映画と児童生徒」(『映教』四〇・九)一三頁。
(86) 以下、新体制運動については前掲『戦時議会』の「第三 新体制運動と議会」による。
(87) 喜多「大政翼賛運動と映画の使命」(『東宝映画』四〇年一一月一日)。喜多は『日映』四〇・一二にも同趣旨の寄稿をしている（「生活新体制下の『映画』への一示唆」）。

(88)　赤澤史朗「戦中・戦後文化論」（『岩波講座日本通史』第一九巻、岩波書店、一九九五年）二九一〜二九四頁。

(89)　『東京朝日』一一月一九日付夕刊「新映画評」。「批評」（『キネ旬』七三五、四〇・一二①）八一〜八二頁（水町青磁執筆）、「日本映画批評」（『映評』四〇・一二）一三五頁（登川尚佐執筆）も酷評である。

(90)　「景況」（『キネ旬』七三四、四〇・一一③）六二頁、同（同七三五）一七〇頁。

(91)　前掲『皇紀・万博・オリンピック』二〇〇頁。

(92)　「景況」（『キネ旬』七三五）一七一頁。

(93)　小林信彦『一少年の観た〈聖戦〉』（筑摩書房〈ちくま文庫〉、一九九八年、原著一九九五年）二二〜二三頁。

(94)　久世光彦「エノケン・ロッパの時代」（書評）（『朝日新聞』二〇〇一年一〇月二一日付朝刊）。

(95)　中野美代子・諸星大二郎（対談）「天竺への路はまだ遠く」（『ユリイカ』四〇九、一九九八年九月）一五五〜一五六頁。

(96)　原健太郎・長瀧孝仁『日本喜劇映画史』（NTT出版、一九九五年）一〇一頁、垂水千恵「中島敦はエノケンを見たのか？」（『日本文学』五四七、一九九九年）二八頁、小林信彦『二〇〇一年映画の旅』（文芸春秋、二〇〇〇年）五六頁。

(97)　『キネ旬』七三二（四〇・一一①）掲載の広告。

(98)　中華電影についてはとりあえず、辻久一『中華電影史話』（凱風社、一九八七年）。

(99)　高山荘介「『孫悟空』のセットで汪洋に会う」（『キネマ』四〇年八月）六三頁。

(100)　山本嘉次郎「孫悟空いろいろ話」（『東宝映画』四〇年九月一五日）に、汪について、「単なる映画俳優であるかそれとも、歌手であるか、あるひは、舞踊家であるか漫才であるか、浪花節語りであるか、一切、ボクは、知らなかつた」とあることからうかがわれる。山本はこの映画の監督である。

(101)　たとえば、大塚恭一、登川尚佐の批評（『映評』四〇・一一）一一三、一一五頁。

(102)　「景況」（『キネ旬』七三四）六二頁。

(103)　小川津根子『祖国よ』（岩波書店〈岩波新書〉、一九九五年）参照。
(104) 前掲「昭和十五年度大作・問題作の製作記録」六五〜六六頁。
(105) 鈴木隆史『日本帝国主義と満州』下（塙書房、一九九二年）二八八〜二九九頁。
(106) 前掲佐藤書第二巻、八二〜八三頁。
(107) 櫻本富雄『大東亜戦争と日本映画』（青木書店、一九九三年）七二〜七三頁。同書では出典は明示されていないが、池田照勝「長野県野沢町随行」（『映旬』一一、四一・四③）四〇〜四一頁である。
(108) 前掲「地方娯楽調査資料」一六四頁。
(109) 前掲小川書八八〜九一頁。同書九四頁以降では四一年以後の女性の移民の事例が紹介されているが、この映画が移民の動機になったという話は出てこない。
(110) 前掲「長野県野沢町随行」四〇頁。
(111) 「映画時事解説　情報局の誕生と映画行政」（『日映』四一・一）。
(112) 「映画法二周年史」（『映旬』二七、四一・一〇①）四二、四四頁。
(113) 「映画雑誌統制きまる」（『朝日』四〇年一一月一日付夕刊）。
(114) 「映画館の頁」（『映旬』二、四一・一③）一三五頁（京都の項）。
(115) 城戸「婦人客を忘れるな」三〇頁。
(116) ただし、本作品は『北京《ペキン》の黎明《れいめい》』という題で台本検閲を受けた際、「『白蘭の歌』と大同小異」として改定を命じられた（注(59)の史料一二〇頁）ためか、やや国策色が目立つ。
(117) 事件の詳細はとりあえず、鷲谷花「李香蘭、日劇に現る」（四方田犬彦編『李香蘭と東アジア』東京大学出版会、二〇〇一年）二四〜二六頁。
(118) 清水晶「新聞映画欄展望」（『日映』四一・四）参照。
(119) 「映画館の頁」（『映旬』七、四一・三②）七九頁。
(120) 高岡裕之「総力戦と都市」（『日本史研究』四一五、一九九七年）、同「戦時下大阪における厚生運動」（広川禎秀編『近代大阪の行政・社会・経済』青木書店、一九九八年）。
(121) 「日本ニュース上映館数調査」（『映旬』四、四一・二②）九七頁。
(122) 「映画館の頁」（『映旬』一七、四一・六③）八九頁。
(123) この構想の内容や経緯については前掲ハーイ書二八一～二八六頁が詳しい。
(124) この点については前掲『昭和戦中期の総合国策機関』二三八～二四〇頁。
(125) 前掲ハーイ書二八三～二八五頁。
(126) 「十月初旬興行界概説」(『映旬』二九、四一・一〇③) 五六頁。
(127) 「映画界日誌」(『昭和十七年映画年鑑』) 二―二三頁。
(128) 不破祐俊(情報局第五部第二課長)「映画界新体制機構の樹立について」(『映旬』二五、四一・九②) 一五頁。川面隆三「戦時下の映画」(『日映』四一・一二) 一二頁にもほぼ同じ表現が見られる。
(129) 「道府県別累年映画常設館観覧料統計」(『昭和十八年映画年鑑』) 二六〇頁。
(130) 前掲「昭和十六年度興行景気動向の諸問題」五二頁。
(131) 盛岡市中央劇場大矢岡右「映画館の臨戦態勢」(『映旬』二七) 一〇九頁。
(132) たとえば、「掉尾の興行戦を語る」(座談会)(『映旬』三五、四二・一①) 七六頁。
(133) 『昭和十七年映画年鑑』の「映画選奨・其他」三―二九頁。以下、四一年の国民映画関係の事実関係は同書の同項目と「昭和十六年映画界日誌」による。
(134) 不破祐俊『映画法解説』(大日本映画協会、一九四一年、奥平康弘監修『言論統制文献資料集成』第一四巻、日本図書センター、一九九二年に復刻) 一二五頁。
(135) 黒澤明『蝦蟇の油』(岩波書店〈岩波現代文庫〉、二〇〇一年、原著一九八四年) 一八四頁。
(136) 佐藤忠男『黒澤明の世界』(三一書房、一九六九年) 一九～二一頁。
(137) 前掲「掉尾の興行戦を語る」と、「昭和十六年度興行業績決算」(年度とは実際には暦年)、「初春興行打診〔東京〕市内映画館巡り」(『映旬』三七、四二・二①)。
(138) 前掲「昭和十六年映画界日誌」と「映画選奨・其他」の関係項目。
(139) 前掲『黒澤明の世界』二三～二五頁。
(140) 城戸四郎「健全なる恋愛は描いて可」(『映旬』三五) 三一頁。

Ⅳ 映画新体制と太平洋戦争

1942年1月		大映設立
〃	4月	二系統上映制開始
〃	12月	『ハワイ・マレー沖海戦』封切、国民映画普及会結成
1943年1月		『伊那の勘太郎』封切
〃	2月	『ハナ子さん』封切
〃	8月	日本移動映写連盟結成
〃	10月	『無法松の一生』封切
1944年4月		「興行刷新実施要綱」実施
〃	7月	小磯国昭内閣成立
〃	10月	情報局総裁、興行統制緩和を言明
1945年8月		敗戦
〃	10月	占領軍の映画検閲開始
〃	12月	情報局、映画法廃止
1957年		映画観客11億人を超える

1　太平洋戦争開戦前後の状況

開戦後最初の正月

太平洋戦争の開戦は、映画に改めて社会的有用性の証明を迫った。『映画旬報』一九四二年一月一日号で、情報局の不破祐俊《ふわすけとし》は、「銃後《じゅうご》の国民」に「雄大にして健全、明朗にして情醇《じょうじゅん》なる娯楽を与へる」ことと啓発宣伝に役割を果たすため「映画が弾丸にも等しい威力を持たねばならぬ」(1)と改めて述べ、海軍省軍務局第四課員浜田昇一《はまだしょういち》は、「未曾有の国難突破に際し、強力な武器としての立派な映画をどしどし製作して行く」ための「官民一体」を希望した(2)。

開戦後最初の正月となった四二年の正月興行で最も人気を集めたのはニュース映画であった。元旦封切の『日本ニュース』第八二号は真珠湾攻撃の実写フィルムの初公開となったため、東京や大阪のニュース映画館は今までにない人気で、しかも従来と異なり女性や子供の客も多かった。

その代わり劇映画の人気は低調で、李香蘭《りこうらん》・佐野周二《さのしゅうじ》主演の松竹《しょうちく》大船撮影所製作の『蘇州《そしゅう》の夜《よる》』（四一年一二月二八日封切）、長谷川一夫《はせがわかずお》・古川《ふるかわ》ロッパ（緑波）主演の東宝製作の娯楽時代劇『男《おとこ》の花道《はなみち》』（同年一二月三〇日封切）の二本が比較的人気であったが、全体としては前年の正月より客足は落ちていた(3)。

城戸四郎《きどしろう》の憂慮は現実のものとなったのである。その後も新体制への切り替えを控えて製作は低調で、前年と同じく旧作の再映興行がめだった。

二系統上映制

予定通り四月一日から映画業界の大規模な再編成が実施された。映画製作部門は松竹、東宝《とうほう》と、四二年一月に設立された大日本映画《だいにほんえいが》製作㈱（大映《だいえい》）の三社に、配給部門は同年二月設立の社団法人映画配給社に統合され、当時二〇〇〇館以上にのぼる全国の映画館の半数が四月から紅白二系統に編成された。そして、毎週長編劇映画を各系統で一本ずつ封切るという興行《こうぎょう》体制（二系統上映制）となった。

封切館数は時期によって若干変わるが、当初は両系統それぞれ全国各地に四〇館程度で、いずれも従来はそれぞれの地域での一番館にあたる館であった。以下二〇番館まで設定され(4)、その他は番線外館とされ、主に旧作が上映された(5)。

従来の製作会社の直営館《ちょくえいかん》は存続した場合が多いが、日活《にっかつ》は興行専門会社となり、松竹や東宝の直営館は、経営主体とは関係なく、紅白いずれかの系統に所属した。

番組は劇映画、文化映画、ニュース映画各一本となったが、劇映画は生フィルム量の関係で毎週新作を封切ることはできず、再映週間が一ヵ月か二ヵ月に一度設けられた。再映番組は各系統とも複数の作品が用意されたが、たいていエノケン物が一本含まれていたのはエノケンの人気の高さを物語っている(6)。

洋画専門館は三二、邦洋併映館も九八と、全映画館数（四二年末現在で二四一〇）の五パーセントにまで減少し(7)、番組も、同盟国（ドイツ・イタリアなど）の旧作を細々と上映するにとどまった。洋画の新作は邦画新作と同じく紅白どちらかの系統で封切られたが、当然同盟国のものだけで、しかも四一年六月の独ソ戦開始後はほとんど輸入できず、洋画新作の封切数は年一〇本前後に激減した。

国民映画の不振

新制度開始直後の四月七日、情報局の国民映画の委嘱製作作品の審査結果が発表された。参加作品は、Ⅲで紹介した東宝の『川中島合戦《かわなかじまかっせん》』のほか、松竹『父《ちち》ありき』(四二年四月一日封切)、日活『将軍《しょうぐん》と参謀《さんぼう》と兵《へい》』(同年三月七日封切)、興亜《こうあ》(四月に松竹に合併)『元禄忠臣蔵《げんろくちゅうしんぐら》』(前編四一年一二月一日、後編四二年二月一一日封切)、新興《しんこう》『大村益次郎《おおむらますじろう》』(四二年一月一四日封切)であった。

いずれも歴史映画あるいは戦争映画に相当する作品であったが、情報局総裁賞は該当作がなく、『川中島合戦』以外の作品が情報局賞を得るにとどまった。参加作品は『川中島合戦』以外は文部省推薦映画となったが、いずれも興行的にはヒットせず、『川中島合戦』と『父ありき』以外は惨敗であった。

国民映画のこうした不人気に関連して、このころ『映画旬報』の座談会で城戸四郎、森岩雄《もりいわお》、永田《ながた》雅《まさ》一《いち》ら各社の幹部が検閲官(中野敏夫《なかのとしお》)に検閲が厳しすぎると苦情を述べた[8]が、情報局は、「結局は観客の訓練といふことが大切」なので、「何等かの方法によつて、国民に広く観て貰ふ」という考え方を明らかにした[9]。国民がまじめな映画を楽しむように指導していく方針を打ち出したのである。

『待つて居た男』の大ヒット

二系統上映制下で最初の大ヒット作は、長谷川一夫・山田五十鈴《やまだいすず》・エノケン主演の探偵時代劇『待《ま》つて居《い》た男《おとこ》』（四月二三日白系封切）である。江戸時代のある温泉宿の若夫婦の身辺に次々と奇怪な事件が起き、泊まりに来ていた江戸の敏腕目明しの夫婦（長谷川と山田）と地元の間抜けな岡っ引き（エノケン）が捜査に乗り出すという物語で、宿の女中に扮する高峰秀子《たかみねひでこ》も重要な役割を演じるという豪華版である。

この作品は六四万六七〇〇万円の封切興行収入をあげたが、これが四二年四月から年末までの封切作品六〇本の興行収入順位で第三位であることや、二系統上映制での採算点が四八万円であったこと、四月以後、これ以前の封切興行の最多収入が『父ありき』の五二万一〇〇〇円（一七位）であること、(10) さらに封切以後も同じ勢いで動員を続けたことから、十分最初の大ヒット作といえる。

51　**『待つて居た男』出演者**　前列左より沢村貞子・榎本健一・山田五十鈴・長谷川一夫・高峰秀子、後列左より清川荘司・山本礼三郎・藤原釜足（当時は藤原鶏太）・中村是好

しかしこの映画は批評家から激しい批判を呼び起こした。津村秀夫《つむらひでお》は「日本映画界の恥辱」と評し、(11)『映画旬報』でも、巻頭言にあたる欄で、「『待つて居た男』の全部であるところの娯楽要素と娯楽的表現とは（中略）甚だしく頽廃《たいはい》に堕《だ》し或る場合は不潔感を帯びてゐる」(13)と酷評され、(12) 批評欄でも同様で、当局からも警告を受け、非一般用に認定された。

しかし、上映館では「場内の観客の楽しい雰囲気を否定する訳には行かな」かった[14]。ビデオで観てもその楽しさは変わらない。一般の観客と官僚や批評家との間の溝の大きさが改めて示されたのである。

『マレー戦記』大ヒットの裏側

二系統上映制下でさらなる大ヒットとなったのは劇映画ではなく、日本映画社製作の長編記録映画『マレー戦記《せんき》』（八月二七日紅系封切）であった。封切興行で六九万円あまりの収入を挙げ、四二年四月から年末までの封切興収第二位となり、その後も好調を続けた。

この映画は太平洋戦争緒戦のシンガポール陥落までのマレー半島における日本陸軍部隊の行動を追った内容で、陸軍省が後援し、「国民士気の昂揚《こうよう》に資する」[15]という理由で文部省推薦を得た、典型的な国《こく》策《さく》映画である。当時国民学校（四一年四月に小学校を改組）や中学校および高等女学校では、四〇年八月の文部省の指示により、原則として生徒の映画観覧を土日に限定していたが、文部省推薦映画の場合は、課外授業の一環として映画館で団体観覧を行うことが多かった。

そもそも『マレー戦記』の場合、通常の劇場公開映画と比較して異例の大規模な宣伝が政府から認められていた。すなわち、当時著名な画家の一人である宮本三郎《みやもとさぶろう》による宣伝ポスター一万部、やはり著名な漫画家である近藤日出造《こんどうひでぞう》の壁新聞三万部のほか、チラシ三万部、映画雑誌をはじめとする各新聞・雑誌への記事提供、各新聞への広告が関東地方の場合各紙一〇回前後、大都市での電車・バス内の広告、全国主要都市での展覧会の開催、陸軍報道部後援による全国主要都市二三ヵ所での試写会開催などである[16]。著名な画家が映画宣伝に関わるのは珍しいことや、官憲《かんけん》の指導による四〇年秋以降の映画宣伝の自

1941〜44年（興行収入順位は不明） ヒット映画と優秀映画一覧

◇日本映画雑誌協会銓衡ベスト10

①戸田家の兄妹（松竹大船　小津安二郎）文
②馬（東宝　山本嘉次郎）文
③みかへりの塔（松竹大船　清水宏）文
④芸道一代男（松竹下加茂　溝口健二）
⑤江戸最後の日（日活京都　稲垣浩）文
⑥次郎物語（日活多摩川　島耕二）
⑦愛の一家（同上　春原政久）
⑧海を渡る祭礼（日活京都　稲垣浩）
⑨舞ひ上る情熱（新興東京　小石栄一）文
⑩指導物語（東宝　熊谷久虎）

1942年

◇日本映画雑誌協会銓衡ベスト10

①**ハワイ・マレー沖海戦**（東宝　山本嘉次郎）文・国
②父ありき（松竹大船　小津安二郎）文
③将軍と参謀と兵（日活多摩川　田口哲）文
④母子草（松竹大船　田坂具隆）文
⑤南海の花束（東宝　阿部豊）文
⑥新雪（大映　五所平之助）
⑦元禄忠臣蔵後編（松竹　溝口健二）文
⑧独眼流政宗（大映　稲垣浩）文
⑨大村益次郎（新興　森一生）文
⑩英国崩るるの日（大映　田中重雄）文

◇興行収入ベスト10（4月〜12月）

①**ハワイ・マレー沖海戦**（東宝12/3、伊東薫、藤田進）文・国
②マレー戦記（日本映画社、記録映画、8/27）文
③待って居た男（東宝4/23、長谷川一夫、山田五十鈴、榎本健一）非
④鞍馬天狗（大映10/29、嵐寛寿郎）
⑤あなたは狙はれてゐる（大映11/26、伊沢一郎）
⑥おもかげの街（東宝11/12、長谷川一夫、入江たか子）非
⑦続婦系図（東宝7/16、長谷川一夫、山田五十鈴）非
⑧日本の母（松竹6/18、大船オールスター）非
⑨翼の凱歌（東宝10/15、岡譲二）
⑩磯川兵助功名噺（東宝11/5、榎本健一）

1943年

◇興行収入ベスト10

①伊那の勘太郎（東宝1/3、長谷川一夫、山田五十鈴）非
②無法松の一生（大映10/28、阪東妻三郎）
③姿三四郎（東宝3/25、藤田進）国
④戦ひの街（松竹2/11、李香蘭）
⑤音楽大進軍（東宝3/18、古川緑波）
⑥富士に立つ影（大映42・12/27、阪東妻三郎）
⑦奴隷船（大映9/2、市川右太衛門）
⑧開戦の前夜（松竹1/14、上原謙、田中絹代）文
⑨名人長次彫（東宝7/15、長谷川一夫、山田五十鈴）非
⑩兵六夢物語（東宝4/1、榎本健一）非

1944年

◇興行収入ベスト10

①かくて神風は吹く（大映11/9、オールスター）文・国
②おばあさん（松竹1/3、佐分利信）非
③あの旗を撃て（東宝2/10、大河内伝次郎）文・国
④三尺左吾平（東宝7/6、榎本健一）
⑤韋駄天街道（東宝1/14、長谷川一夫、榎本健一）非
⑥芝居道（東宝5/11、長谷川一夫、山田五十鈴、古川緑波）
⑦高田の馬場前後（大映6/22、嵐寛寿郎、片岡千恵蔵）
⑧剣風練兵館（大映1/3、阪東妻三郎）国
⑨国際密輸団（大映5/11、市川右太衛門）
⑩浪曲忠臣蔵（東宝43・12/29、黒川弥太郎、広沢虎造、柳家金語楼）

粛状態を考えると、異例というにふさわしい大がかりな宣伝態勢であった。

その結果、東京を例に取れば、この映画は常連客のほか映画に無関心な人々も誘致できたが、その原因は、「国民必見の映画であるといふ国家の裏打ちが動力となつて、学校、工場、さては隣組等に呼びかけて団体客を一挙に動員した」[17]ためであった。このうち国民学校については、東京市内の生徒数の六分の一にあたる一二万人強が団体観覧した。[18]

ただし、引率教師の中に「無関心型」が見受けられ、市内芝《しば》区(現在の東京都港区の一部)のある映画館では「映写中、休憩室で遊んでゐたのは殆んど女児」で、この作品に関し「女学校からの団体鑑賞が一つもなく、一般観客中に若い女性が非常に少なかった」[19]という状態であった。戦争を扱った記録映画であるから当たり前とも言えるが、女性には不評であったことを含め、この映画は長時間の観覧に堪えるほどの娯楽性に欠けていたのである。

そもそも国民学校の団体観覧というと、「映画館における子供の訓練であるとか、映画館に至る往復途上における子供の躾《しつ》けといふやうな問題についても、我々が手近なところからやつてゆかなければならない」[20]、つまり、子供たちが上映中や学校との往復の途中で騒いだりふざけたりすることが少なくなかった。こういうことは今も昔も変わらないようだ。

要するに、『マレー戦記』の大ヒットは政府の政策的配慮によるところがきわめて大きく、通常の邦画のヒット作の場合に比べてはるかに権力的な作為性が強いものだったのである。ちなみに続編にあたる『ビルマ戦記』(九月一七日紅系封切)は封切興行収入約二八万七〇〇〇円という惨敗に終わった。この種の記録映画は『マレー戦記』一本で飽きられてしまったのである。以後記録映画を含めた文化映画一

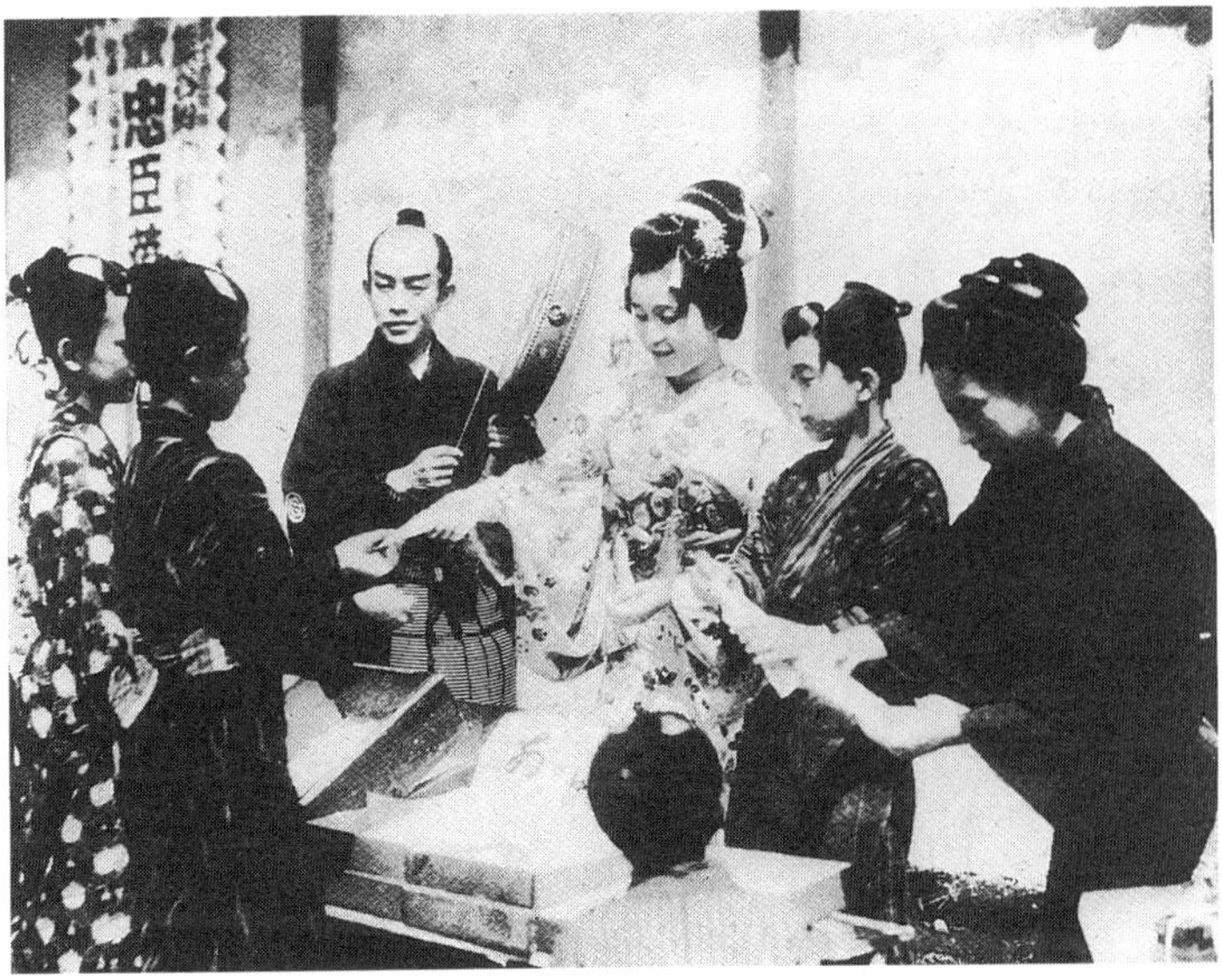

52 『磯川兵助功名噺』 左より３人目、榎本健一

般がヒットすることはなかった。

映画の国家的役割とは

ちなみに、四二年四月から年末までの新作邦画六〇本のうち興行成績上位一〇本中六本が東宝であり、そのうち長谷川一夫やエノケンの主演作が二人の共演作(『待って居た男』)も含め四本にのぼっている。長谷川主演の『おもかげの街《まち》』(一一月一二日白系封切)、『続《ぞく》婦《おんな》系図《けいず》』(七月一六日白系《はっけい》封切、正編は六月一一日紅《こう》系《けい》封切)はいずれも人情物で、エノケン主演の『磯川兵助功名噺《いそがわへいすけこうみょうばなし》』(一一月五日紅系封切)は江戸時代の仙台藩を舞台にしたドタバタ喜劇である。いかに二人の人気が大きかったかがわかる。

このことについて、東京宝塚劇場映画部長山崎正雄《やまざきまさお》は四二年末に行われたと思われる業界関係者の座談会で、「堅い写真〔映画のこと〕

が国家目的に副つて、『おもかげの街』『婦系図』が副はないといつて投げるといふことはおかしいと思ふ。エノケンの写真をお客は見てげらげら笑つてゐる、実に楽しそうだ、興行者としてもなにか嬉しくなる。お客に相当の慰安を与へてゐると思ふ。これからは決戦体制で生活が益々《ますます》固くなる。さういふ場合にああいふ写真をお客は満足してゐる(21)」と語っていた。これは明らかに娯楽映画で観客に息抜きをしてもらうことが映画の国家的役割であるという議論である。

山崎の話に出てくるエノケン物は時期的に見て『磯川兵助功名噺』と思われるが、実際、当時の批評でも「他愛なく笑はせると云ふだけなら〔中略〕製作の意義も認められる(22)」とされており、現在ビデオで観ても、前半で仙台藩国家老の娘とエノケン扮する藩士磯川の見合いの席で、エノケンが照れくささのあまり火鉢を扇子で叩いたら割れてしまう場面をはじめ、どうしても爆笑を抑えられない場面がいくつかある。一般用映画となったこともあり、封切興行には小学生（正確には国民学校児童）が殺到した(23)。

しかし、先にも登場した社会学者権田保之助《ごんだやすのすけ》のように、「銘々の我を捨てゝ大きな国民の福祉を目指す所の統制主義的な指導の下に娯楽と云ふものを考へて行かなければならない〔中略〕疲れを休め、明日の働きに備へると云ふ以上に、尚進んでは働く人々の人格を大成させ〔中略〕る為に此の国民娯楽と云ふものが働かなければなら」ず、それによって「大東亜戦争が我々一億国民に要求して居る所の大東亜の指導者的人格の大成と云ふを期待することが出来る(24)」という政府寄りの考え方や、質のよい映画を作れば必ず観客もついてくるというような常套的な議論(25)が識者の中ではなお力を持っていた。

2 『ハワイ・マレー沖海戦』の大ヒットと国民映画普及会の誕生

『ハワイ・マレー沖海戦』の大ヒット

一方、海軍（大本営海軍報道部）も、四二年初頭から、緒戦の勝利を国民に改めて印象づけ、戦意高揚に役立てるため、海軍航空隊による真珠湾攻撃とマレー沖でのイギリス艦隊への攻撃の劇映画化を企画し、東宝に製作させた(26)。その結果四二年一二月三日に紅系で封切られたのが、海軍省後援、文部省推薦、情報局選定国民必見映画に指定された上映時間二時間を超える大作『ハワイ・マレー沖海戦《おきかいせん》』である。

この作品は、内容や製作の経緯からわかるように国策映画の典型例である。しかし、この映画は封切興行で一一四万七〇〇〇円あまりの興行収入をあげた。これは太平洋戦争中ついに破られなかった記録であり、ゆえにこの映画は太平洋戦争期に製作された劇映画の代表作の一つとしてよく知られているし、封切興行以後も同じ勢いで興行を続けた。

先年亡くなった作家山田風太郎《やまだふうたろう》氏は封切初日にこの映画を観た体験を日記に残している。当時彼は一九歳、進学のため上京し、働きながら受験勉強中であった(27)。

今日、高須さんといっしょに午後から神田の松竹映画劇場にゆく。今日封切りの「ハワイ・マレ

—沖海戦」を見るためである。明後日が休みなので、そのときの方が落着くことは承知しているが、そのときまで待ち切れなかったのである。

劇場はおそるべき満員で、最初の一回は立見席でさえ殆《ほとん》ど見ることが出来なかった。二回目は落着いて見ることが出来た。

〔中略〕ことし正月の新聞に出た海軍航空隊撮影の歴史的写真と寸分変らぬセットの見事さ〔中略〕訣別《けつべつ》の手をふりつつ機尾から一条の白い煙を曳いて自爆してゆく悲壮な犠牲の一機—など、日本人の心を奮い起さずにはおかない傑作であった。その気魄《きはく》、構成、演技、撮影に一点の欠点も見出す能《あた》わず。(28)

「明後日が休み」とは、二日後の日記を見ると、電力不足のため電気を使用する一部の事業場を平日でも休ませる措置(休電日)による休業日とわかる。この記事からは、事前の宣伝がかなり行われていたこと、封切時の人気ぶり、彼が真珠湾攻撃場面のセット(円谷英二《つぶらやえいじ》による特殊撮影、全体の監督は山本嘉次郎《やまもとかじろう》)をはじめ、作品のあらゆる要素に感激していたことがわかる。ちなみにⅢで登場していただいた小林《こばやし》信彦《のぶひこ》氏も「夢中になって見た」と回想している。(29) 一般的にはどうだったのだろうか。

ヒットの要因

批評はいずれも絶賛であったが、(30)『土《つち》と兵隊《へいたい》』と同じ理由で、この映画を根本的に批判するような評論はそもそも期待できない。ただし、絶賛の具体的理由としては特撮場面の精巧さが最も重視されていたことは注意しておきたい。

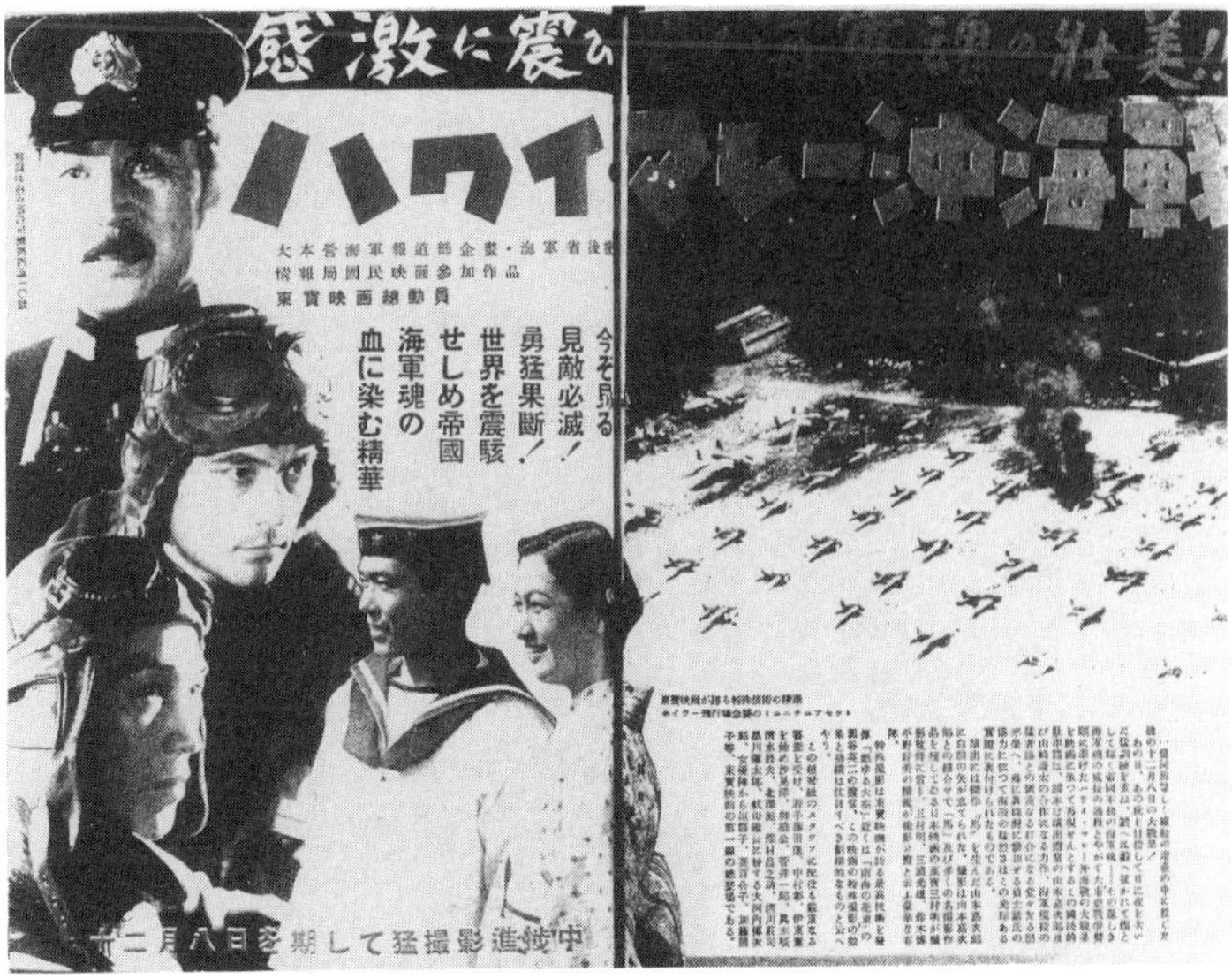

53 『ハワイ・マレー沖海戦』広告（『映画旬報』65、1942年11月）

54 『ハワイ・マレー沖海戦』

東京市内のある国民学校教師たちの記録[31]によれば、彼ら彼女らの周囲の大人たちの場合も「すごいね、日本の映画もあそこまで行けるんだね」と特撮効果に「感激の焦点」があったとされるし、自校の児童に対して鑑賞(おそらく団体観覧)後のアンケートで「すごいなあと思つた所」を聞いたところ、やはり真珠湾の特撮場面が指摘された。

当時国民学校六年生の映画評論家の佐藤忠男《さとうただお》氏も、団体観覧で観て「クライマックスではみんなと一緒に手を叩き足を踏み鳴らした」と回想している[32]。この作品は、真珠湾攻撃場面の特撮に圧倒的な迫力があったことで、従来の国策映画の大部分に欠けていた娯楽性をそれなりに備えていたのである。

しかし、封切前の宣伝が『マレー戦記《せんき》』をはるかに上回る規模で行われたことも見逃せない。すなわち、全映画雑誌の一一月号ではこの作品が特集され、観覧を呼びかける海軍の広報担当者や映画評論家の文章や、特殊効果の精巧さを伝える文章が掲載された上、この作品の大々的な広告が掲載された。

特に東京市の場合、一般公開に先立つ一一月二八日、市内の全町会長を日比谷公会堂に集め、海軍報道部の平出英夫《ひらいでひでお》大佐の講演つきの試写会が行われた[33]。これは前例のない措置であるが、映画の常連客以外の観客層、具体的には年配層を動員することを目指したと考えられる。その上、ふつう宣伝費は製作費の一割であるが、今回は二割(製作費七七万円に対し宣伝費一五万円)が投じられた[34]。

さらにこの作品の上映期間であるが、通常の七日間ではなく、開戦日の一二月八日、マレー沖海戦の日の一〇日を含む八日間があてられた。ちなみに五日から一一日までは官庁やその外郭団体が「大東亜戦争一周年記念行事」を行っていた[35]。つまり、この作品の場合も、空前のヒットとなった原因として政府の積極的な動員施策の大きさを無視できないのである。

そして、この映画がきっかけで海軍航空兵に志願した若者もいた。[36] この施策は一定の成果をあげたのである。実際、先に引用した児童アンケートの「感激した所」の回答には、自爆場面について「拝みたい様な気持」とか「あくまでも戦抜く攻撃精神、又燃料がつきれば身命をかえりみず花と散る覚悟に感激しました」というものもあった。

ただし、同じ史料によると、教師たちの周囲の大人の大部分は「作戦的にはハワイ、マレー沖の両海戦は切り離せないものかも知れないが映画としてはチグハグになる」という感想を持っていた。大人は子供よりは醒めた目で観ていたのである。

しかも、子供たちも一方的に洗脳されてばかりいたわけではない。四三年に入っても、たまたま非一般用映画を上映中の映画館が火事となった際、学童の入場者が一〇〇人以上いたことが露見するというできごとが起きていた。[37] これは、この時期にいたっても非一般用映画への子供の入場ということ自体が珍しくなかったことを示している。

国民映画普及会の誕生

さて、この映画に関連して見逃せないのは、封切に合わせて、内務省が各道府県警察部長に通牒《つうちょう》を発して国民映画普及会の設置に乗り出したことである。[38] 映画館における団体観覧は、国策映画を国民に見せるための手段としてすでに注目されており、[39] 学校ではすでに実施されていた。しかし、四二年四月の二系統上映開始後にフィルムの損傷をおそれるようになった各映画館が団体向けに上映回数を増やすことを嫌ったためその実施が困難となっていた。[40] 四二年四月以後は各映画館と製作会社の間に映画配給社が入ったため、予定外の上映をふやしてフィルムが損傷した場合、代わりのフィルムの到着が以前より遅れて休業の可能性が高まったためと推測される。そこで、文部省がこの作品を課外学習の課題に指定した[41]ことが直接の契機となって、団体観覧を実施しやすくするため普及会が生まれたのである。

最初の普及会は東京府に設置され、東京市内の国民学校の四年生以上全員が三週間かけてこの作品を観覧することに合わせて設置された。[42]内務省が作成した道府県ごとの普及会の規約や事務細則の雛形によると、「文部大臣推薦又ハ選定映画、情報局国民映画其ノ他優良ナル映画ノ普及ヲ図リ以テ映画ヲ通ジ国策ノ遂行ニ寄与スル」ために、映画館の興行時間外に優良映画映写会の開催を行うこととし、会長は各道府県の興行協会長(各道府県警察部長の兼任)、国民学校児童や中等学校(中学校・高等女学校)生徒、軍人や各種団体が対象とされ、申し込みに応じ普及会が割安の会員券を発行して実施した。[43]

普及会は四三年末までに三五道府県に設置され、四三年一一月末までに六作品で動員が実施された。のべ二一〇〇館あまりで約六九〇〇回行われ、のべ五八〇〇万人を動員した。そのうち本作品については、三九〇館で一八〇〇回あまり行われて一六〇〇万人弱が動員された。そのほとんどが児童生徒と思われる。[44]なお、普及会の動員数は『映画旬報』や、第二次映画雑誌統合による四三年一一月の同誌廃刊後に『日本映画』に掲載された興行成績(料金収入額や入場者数)には含まれていない。自由意志による観客動員とは別扱いとなっていたのである。

普及会の設立は、政府の映画政策が、推奨映画の強制観覧という方向性に一歩踏み出したことを示す意味で注目すべき事態であった。本当は良い映画なのに国策映画というだけで敬遠されてはせっかく作ったのにもったいない、観てさえもらえれば必ず効果があるはずだという論理が実行に移されたのである。ただし、この段階では実態としては従来からあった教育的な映画利用が停滞していた事態の救済策という意味合いにとどまっていた。

結局、四二年の映画観覧者は有料興行で五億三三〇〇万人弱（常設館のみでは五億一〇〇〇万人）に急増し、結局これが敗戦前の最高記録となった。また、無料興行観覧者は約三〇〇〇万人となった。有料観覧者中の小人《しょうにん》の実数が約六〇〇〇万人に減少し、比率でも一割強に激減したのは国民映画普及会設置の影響であろうか。

邦画の封切興行収入額が公表されている四二年四月以後年末までを見ると、邦画封切六〇本のうち、採算点を上回ったのは四割にあたる二四本に過ぎず、「製作会社が儲《もう》かり過ぎてゐるといふが、その儲けの過半は昨年（四二年）四月以前の旧作品、つまり再映に依つて支へられてゐた」[45]ことや、一月から四月までの状況も考えると、有料観覧者の激増の原因は正月のニュース映画のヒットと『ハワイ・マレー沖海戦』の驚異的な大ヒットとみるべきである。文部省推薦のみでは一〇本中六本が採算点を上回る成績を挙げたが、大ヒットといえるのは『マレー戦記』と『ハワイ・マレー沖海戦』のみであった。

四二年度の国民映画、汚職疑惑

なお、四二年度（四三年三月までが対象）の情報局国民映画選奨は、情報局が三社に二本ずつ委嘱したが、『ハワイ・マレー沖海戦』が情報局総裁賞を得、情報局賞は黒澤《くろさわ》明《あきら》の初監督作で大ヒットした東宝の柔道物『姿三四郎《すがたさんしろう》』（四三年三月二五日紅系封切）と内田吐夢《うちだとむ》監督の松竹の時代劇『鳥居強右衛門《とりいすねえもん》』（一〇月一日紅系封切）の二本で、前者はヒットしたが内田の作品は新興行制度下で四二年末までの封切興行収入順位で四八位、収入額も三〇万円に届かず、惨敗した。脚本募集も三一五編中情報局総裁賞は該当なし、情報局賞は郷土愛を主題にした新藤兼人《しんどうかねと》『強風《きょうふう》』など三編にとどまった。そのためか、四三年からは審査対象を情報局の委嘱作品のみならず、すべての新作邦画劇映画に拡大することになる。

なお、四二年の秋から年末にかけて大映創設にからんだ汚職疑惑が起き、大映専務取締役永田雅一、情報局第五部長川面隆三《かわつらりゅうぞう》、そして不破祐俊の三人が検挙された。結局立件されなかったため表沙汰にはならなかったものの、川面は同年末に、不破は四三年四月に辞職した。

永田は戦後の回想で業界内の不和と内務省と情報局の確執による事実無根の策謀としているが、川面が辞職直後に松本学《まつもとがく》に対し「映画業者と盛に飲み歩いた」と告白しているから事実無根ではない。(46)「高邁《こうまい》なる国民的理想を顕現すると共に、深い芸術味を有」するはずの国民映画の提唱者が業者と豪遊とはあまりに情けない話である。

このころ映画界以外でもこの種の官僚の汚職疑惑がささやかれており、世間で「総じて役にも立たぬに役人と云ふが如し」(47)という官僚批判の落首が現れても仕方ない状況となっていたのである。

3　娯楽映画の大ヒットと検閲強化

『伊那の勘太郎』の大ヒット

四三正月の封切興行は、年末二七日に封切られた作品、すなわち、紅系は大映の時代劇『富士《ふじ》に立《た》つ影《かげ》』、白系は松竹の現代喜劇『幽霊大《ゆうれいおお》いに怒《おこ》る』が上映中であったが、軍需工場の休日が元旦だけであったこともあって四二年の正月興行の二割減の成績であった(48)。

ところが三日に白系で封切られた、長谷川一夫・山田五十鈴主演の東宝の股旅物『伊那《いな》の勘太郎《かんたろう》』は『ハワイ・マレー沖海戦』に迫る大ヒットを記録した。このことはいままでほとんど注目されてこなかった(49)が、本書においては見逃せない事例である。

舞台は幕末の信濃《しなの》国（現在の長野県）伊那地方のある村である。かつてその村でやくざ同士の抗争で殺害されたはずの勘太郎（長谷川）が、実は生きており、幕府の追及から逃れる途中の水戸の天狗党《てんぐとう》（尊王《そんのう》過激派）の道案内をしていてその村を通りかかり、かつての恋人おしん（山田）と再会する。

ところがその夫庄吉（黒川弥太郎《くろかわやたろう》）が、勘太郎のかつての抗争相手であったやくざ集団に対し、賭け事に負けたためにしてしまった借金の返済期限が迫る窮状に陥って悪事に手を染めていた。しかも、このやくざ集団は今では警察業務も担っており、天狗党を追っていた。勘太郎は村の有力者に頼んでおしん夫妻の窮状を助け、天狗党の一派を脱出させ、やくざ集団をも壊滅させて一人再び去っていく。

この作品は、非一般用映画に指定され、しかも封切興行期間が平日のみの五日間だったにもかかわらず、封切興行で一〇九万六〇〇〇円という興行収入をあげ、一五五万人以上が観覧した[50]。長谷川一夫と山田五十鈴の共演作品なのでもともと好評が予想されてはいたが、「予想以上の好況[51]」であった。これは四三年の邦画新作の封切興行収入ではもちろん第一位、二系統上映制下でも第二位であり、封切興収で一〇〇万円を超えたのは『ハワイ・マレー沖海戦』とこの作品のみである。

しかも、一日あたりの興収を比較すると、『ハワイ・マレー沖海戦』の約一四万円に対し『伊那の勘太郎』は約二二万円と前者をはるかに上回る新記録を樹立した。これは太平洋戦争中破られる

55 『伊那の勘太郎』 見事な太刀さばきをみせる長谷川一夫

ことはなかった。自由意志による興行の収入額で比較すれば、土日を含む一週間興行であれば『ハワイ・マレー沖海戦』を上回る興行成績をあげたことはまちがいない。

ただし、興行収入だけでの比較でいいのかという意見が出るかもしれない。『ハワイ・マレー沖海戦』は一般用映画であるが、『伊那の勘太郎』は小人が観覧できない非一般用映画であり、実人数では前者の方が多いかもしれないからである。そこで、その点を考えてみると、『伊那の勘太郎』の封切興行の一日あたりの入場者数は三一万人。これに対し、『ハワイ・マレー沖海戦』の封切興行の入場人員数は不明だが、一日あたりの興行収入と当時の一番館入場料(全国平均額大人六〇銭、小人三〇銭)[52]の連立方程式を、入場者四人に一人が小人として解くと一日あたり二九万人となる。四一年の全国の有料映画観覧者中の小人の割合(七・五人に一人)や、『ハワイ・マレー沖海戦』は国民映画普及会による小中学生の団体観覧が大々的に行われたことを考えると、自由意志による有料観覧者中の小人の割合は四人に一人でも多すぎるくらいであろう。つまり観客数で考えても『伊那の勘太郎』に軍配が上がるのである。

ヒットの要因

では、『伊那の勘太郎』のヒットぶりを見ると、東京浅草《あさくさ》の電気館《でんきかん》では封切初日、「日劇の李香蘭事件に次ぐ大雑踏を呈し〈中略〉電気館の廻りを群集は文字通り十重にとりかこみ、館員はその整理に右往左往するうち、予告ウインドのガラスはこわれる。『アレー!』といふ女の悲鳴は押しくら饅頭に胸がつまりそうな御婦人、春着《はれぎ》が破れ、下駄をなくした方数知れず」という状況で、関西でも二番館以下を含め前例のない大入りで、封切館の一つ大阪劇場では朝三時から客が並んでいたという[53]。それ以外の地域の封切館でも同様であった(54)。一方、同時に紅系で封切られたモンゴルでの現地撮影を行った大映の大作『成吉思汗《じんぎすかん》』は封切興収六二万円であり、観客は明らかに自発的に『伊那の勘太郎』を選択したのである。なお、各種の年表では同名の主題歌も大ヒットしたとされている。

この映画が非一般用とされた理由は、この作品がやくざ映画だったためである。太平洋戦争開戦後、この作品以前の股旅物の新作は片岡千恵蔵《かたおかちえぞう》主演の大映作品『三代の盃《さんだいさかずき》』（四二年一二月一一日白系封切）のみで、これを含め、股旅物は再映物もすべて非一般用に認定されてきていた。

ただし、主人公勘太郎は尊王派の一味なので、正義に殉ずるという人間像を打ち出している点で国策映画ともとれるが、「股旅映画の快作　義俠《ぎきょう》に生きた男の中の男、伊那の勘太郎激闘大殺陣」という新聞広告のキャッチフレーズや(55)、当時「勘太郎はその売り出し振りや人の斬り方に於て天狗党の志士ではなく、若き日の次郎長や誰かとした方が身についてゐる(56)」と評されていたことからわかるように、これはあくまで検閲通過のための方便(57)であった。

この作品のヒット要因としては、第一に、先に引用した封切初日の記事に「長谷川・山田コンビのポスタア・ヴアリユウは益々物凄く」とあることからわかるように、主演二人の抜群の人気が、第二には、脚本・演出・演技のいずれもがおおむね好評であったことがあげられる(58)。現在は短縮版がビデオ化されているが、長谷川のいなせな演技は当時の大ヒットぶりや好評ぶりを十分にうかがわせるものである。

もっとも、「これがこれから伸びてゆく新しいやくざものの創造的なかたちだとは思へない(59)」という評価があることからわかるように、芸術的、あるいは国家的観点からの評価は低かった。しかも検閲当局はまもなく検閲強化を打ち出した。

なお、松竹製作の現代劇映画『開戦《かいせん》の前夜《ぜんや》』（一月一四日封切）は、スパイ防止思想の普及のため憲兵《けんぺい》司令部指導の下に作られた国策映画（「防諜《ぼうちょう》映画」）で、文部省推薦映画にもなった作品であるが、四三年の封切興行収入第六位という好成績を挙げた。太平洋戦争開戦後に憲兵司令部の指導で作られた防諜映画は四本目であったが[60]、四本目にして初のヒットとなった。その原因は、上原謙《うえはらけん》・田中絹代《たなかきぬよ》・木暮実千代《こぐれみちよ》という配役にあったと思われる[61]。

また、二月第一週（二月四日から）は、紅系は情報局の国民映画の脚本公募で総裁賞を受賞した「耕《たがや》す人」を松竹が小杉勇《こすぎいさむ》主演で映画化し、文部省推薦を得た現代劇『ふるさとの風』、白系は相撲を題材にした喜劇映画『エノケンの誉《ほま》れの土俵入《どひょういり》』（東宝、四〇年五月一五日封切、非一般用）と音楽喜劇映画『ロッパの大久保彦左衛門《おおくぼひこざえもん》』（同、三九年一月一一日封切）の再映二本立という番組であったが、東京の封切館の合計成績は、『ふるさとの風』が一〇万五五〇〇円弱、喜劇再映二本立が二四万円と喜劇再映番組の圧勝となり[62]、その他の地域でも同様で、「如何に観客が娯しさを求めてゐるか[63]」が示された。なお、『エノケンの誉れの土俵入』でエノケンの相手役として映画デビューを飾った御舟京子《みふねきょうこ》は、現在でも活躍している加藤治子《かとうはるこ》その人である。

『ハナ子さん』と検閲強化

検閲強化のきっかけとなったのは轟夕起子《とどろきゆきこ》・灰田勝彦《はいだかつひこ》主演の東宝作品『ハナ子さん』（二月二五日紅系封切）である。この作品の原作は雑誌『主婦の友』連載の杉浦幸雄《すぎうらゆきお》の漫画で、ハナ子（轟）と、婚約者で夫となる五郎（灰田）を主人公とし、時代を一九三九年から四一年に設定し、二人の日常生活を喜劇調で描

56 『ハナ子さん』 左より高峰秀子・轟夕起子・灰田勝彦

いた娯楽映画である。二人の歌、東宝舞踊隊の舞踊を多数取り入れたミュージカル形式をとり、四三年中の邦画封切興行収入一三位という好成績をあげた。

封切時の版を市販ビデオで見ることができるが、挿入音楽の中には国策色の強い歌詞をもつ歌（国民歌）がいくつか含まれ、轟と灰田扮する新婚夫婦の生活も国策順応色が強い。それにもかかわらず、この作品は完成後検閲で全体の四分の一という大量の削除処分を受け、非一般用映画に認定された。

特に、幕切れの場面、すなわち五郎の出征に伴う夫婦の別れの場面は削除部分のうちの三分の一を占める大量の削除を受けた。その中にはハナ子が別れを惜しむあまり涙を流す場面があったといわれる。また高峰秀子扮する五郎の妹の演技の一部が米英的であるとして検閲官の強い批難を浴びたといわれ、事実該当部分が削除されている。(64)

完成後検閲におけるこのような大量の削除は異例の事態であり、業界内に大きな反響を巻き起こした。すなわち、脚本検閲を通過した作品でこのような大量削除は理不尽であるとして検閲当局（内務省）の責任を問う声さえ上がった。(65)そしてこれ以後、検閲当局は従来の「国策映画、娯楽映画、南方映画（南方占領地住民向け映画）の三本立(66)」をやめ、「国策映画即娯楽映画、国策の中に娯楽があるべし」で「娯楽だけの映画はあるべからず」という方針による検閲強化を各製作会社に内示し、製作現場は混乱した(67)。

　事実、これ以後大ヒットあるいはヒットした作品の中に、非一般用認定を受けたり、検閲で削除処分を受ける作品が急増した。その中には、四三年三月一八日紅系封切の古川ロッパ主演の東宝の音楽喜劇『音楽大進軍《おんがくだいしんぐん》』（削除処分）、七月一五日封切の東宝の時代劇『名人長次彫《めいじんちょうじぼり》』（主演長谷川一夫・山田五十鈴、非一般用）、阪東妻《ばんどうつま》三郎《さぶろう》の代表作として有名な一〇月二八日紅系封切の大映作品『無法松《むほうまつ》の一生《いっしょう》』（削除処分）などが含まれている。さらに六月には大映作品『戦《せん》陣《じん》に咲《さ》く』が太平洋戦争開戦後の新作邦画では初の上映禁止処分を受けた(68)。

　なお、四月からは資材不足の深刻化のため交

57　『無法松の一生』　左より沢村アキオ（現長門裕之）・阪東妻三郎・園井恵子

58　『音楽大進軍』　左より岸井明・古川ロッパ・渡辺篤

換上映制がはじまった。これは同じ番組を系統を交換してもう一週興行するもので、封切興行は事実上すべて二週間となったのである。当然邦画の劇映画の封切本数は減少し、四三年六三本、四四年は四六本となる。

占領地で人気の邦画は？

ところで、『音楽大進軍』はもともと南方占領地の住民向けの作品であった[69]。では、中国や南方占領地でどのような邦画に人気があったか。結論からいえば、両地域でもっとも人気を得たのは、『支那の夜』と、『孫悟空《そんごくう》』を中心とするエノケン映画であった。

フランス領インドシナ（現在のベトナム）で日本映画の上映を担当した政府の外郭団体（南洋映画協会）の職員による『映画旬報』誌上の報告によると、四一年秋に初の日本製劇映画として東宝の『田園交響楽《でんえんこうきょうがく》』（三八年六月一一日封切）が上映された。これはアンドレ・ジイドの小説を映画化した芸術映画で日本で不人気であったが、ベトナムでも同じであった。

そこで日本側は四二年三月にすでにその主題歌が現地で人気のあった『支那の夜』（四一年一一月製作の短縮版。『映画検閲時報』記載のフィルムの長さから見てこれが現在のビデオ版の原版）を上映したところ、大人気となった。特に李香蘭が大人気で、活劇場面、ラブシーンや歌も喜ばれ、結末では「猛烈な拍手」。「要するに当地では音楽の豊富なもの、子供の活躍するもの、スリリングなもの、濃厚なラブシーンのあるもの等が絶対的」で、その後交代した職員からもエノケン、ロッパ、時代劇もよいが堅いものはだめという報告が来た。この報告は「国内に於ける映画政策さへなか〳〵思ふ様に行かないものである事は最近の国策映画の失敗に鑑みても明瞭である。まして異民族に対する映画工作は独りよがりの国策主義では解決のつく問題ではない」と締めくくられている(70)。

要するに現地の住民、特に庶民に日本映画に親しんでもらうためには娯楽映画の上映が必要という結果が出たのである。なお、エノケン物はもともと「満洲国」では現地住民に大人気で中国語の弁士《べんし》つきで上映されていた。人気の要因は、「ロッパはちよつと知的な所があるが、エノケンはビツクリ、シヤツクリで行く(71)」、つまりエノケンの動きやしぐさ、表情だけで十分楽しめるからであった。

四二年九月一〇日に軍と情報局が決定した「南方映画工作要領」にもとづき、南方各地や中国占領地には映画配給社の支社ができ、占領軍と協力して日本人や出征兵士向けのほか、現地住民向けに日本映画の上映をはじめた(72)。「大東亜共栄圏」建設の一環である。

地域により多少の違いはあるが、全体的には高学歴者には芸術映画が好評であったものの、庶民向けには『支那の夜』が中国も含めて上位あるいは最大の人気を得、ついでエノケンの『孫悟空』、その次が『ハワイ・マレー沖海戦』で、エノケン物はそれ以外も比較的喜ばれていた(73)。『支那の夜』はやはり活劇場面や主題歌が好評で、史料で見る限り中国でも同じであった。『孫悟空』は歌や踊りの多さ、『ハワイ・マレー沖海戦』は特殊撮影の精巧さが人気の要因であったと思われる。その他庶民層に人気の作品は日本国内では評論家から酷評された作品が多かった。

こうした状況については、「日本映画の前進のためには、確かに悲しむべき記録が作られた」[74]とか、「余り日本側としては名誉にならぬ作品が案外な成績を得てゐるのは反省に値する」[75]とも言われたが、いかんともしがたかった。

ちなみに、日本軍の出征将兵たちも戦地で映画を楽しむことがあったが、やはり国策映画は人気がなく、股旅物、エノケン物、松竹のメロドラマ映画などの娯楽映画が人気であった。[76]ただし、最前線で上映された可能性は少なく、大半が比較的後方のことであったと思われる。

なお、肝心の『音楽大進軍』は占領地で現地住民向けに上映された記録がない。『映画旬報』の南方向けの映画政策を論じる座談会での不破の次の発言は十分にその原因を推測させてくれる。すなわち、「ああいふ形式の映画が無駄だとは思はない」が、「あのなかに中心的に採り入れられてゐる音楽なりジヤズなりはあまりに南方に迎合してゐる〔中略〕低級な趣味に迎合することで終つてしまふ怖れがある」[77]としているのである。

ちなみに、この座談会で合意された南方映画政策とは次のようなものであった。[78]

先づ最初は日本の強いところを見せて信頼感を与へる。日本は正しく正義であることを知らせる。日本は強くて正しいといふことがわかつてくれば、やがて美しく感ずる時代がくる。ほんたうに日本的であり、われわれが美しくいいと感ずるものは、堂々とほかの民族にも知らせても、その民族が、それをさういふふうに感ずるわけなんだ〔中略〕それでなければ大東亜民族を日本化することは出来ないと思ふ。

当時の時代状況を考慮しても、あまりにも独善的な議論である。

満たされない当局の希望

さて、検閲強化の実施にあたって、井上清一情報局第四部芸能課長は、「指導性のある映画が、人の心をうたない筈《はず》はなく、また人の心を打つ映画が娯楽となり得ないようなことはないと考えます。映画の娯楽を、身辺の個人的な興味にだけ求めてゐた観客の気持ちを、この際根底から改めて貰ふ必要がある」と、観客の態度の変更を訴え、製作者側にも「明朗闊達にして規模壮大、而《し》かも国民の士気を振ひ立たせるような映画」を求めた(79)。「指導性のある映画が、人の心を打たない筈はなく」とは、これまたずいぶん独善的な考え方である。

しかし、その希望は達成されなかった。九月一六日紅系封切の東宝作品『決戦《けっせん》の大空《おおぞら》へ』は、海軍航空兵の志願者増加を目的にその養成過程を描いた国策映画で、ビデオで観ると思わず「ファシズム」という言葉が脳裏をよぎるような作風である。この作品は国策に役立つという理由で文部省推薦を得、「国民動員必見映画特別公開」と銘打って、平日の上映回数を通常の二回から三回に増やすなどの措置がとられた(80)。ただし、「意義のある作品だが大衆を摑《つか》む力に欠けてゐた(81)」ため封切興収は採算点を下回る三九万円、四三年の全封切映画六八本（うち邦画の劇映画は六三本）中五二位、一館あたりの入場者数でも五〇位と、興行的には失敗した。

それでも、この映画の場合、『ハワイ・マレー沖海戦』と同様、「少年航空兵を志望したといふ人が少なくな(82)」かった。

59 『熱風』 左より藤田進・菅井一郎

一〇月七日白系封切の東宝作品『熱風《ねっぷう》』も、工場労働者の増産意欲を高揚させることを目的とした国策映画（「生産力増強映画」）として製作された。日本製鉄八幡製鉄所を舞台に増産への努力を描き、国民映画に指定されたが、封切興収は四七万円にとどまった(83)。

ちなみに『熱風』の場合、現場で働く人々の中にはできばえに強い不満があった。試写会に参加した日本製鉄の技術者が『映画旬報』によせた感想(84)は、結論こそ「製鉄所一般の受けは甚だ良かつた。従つて成功したものゝ一つ」としながらも、「吾々製鉄に関係のある人間には判つても、一般観客には腑に落ちまいと思はれる個所が少なくない」、「伍長柴田（藤《ふじ》田《た》進《すすむ》扮する主役）は判断力も何もなく只熱意の化物」、「映画では工員の気風が相当殺伐に見えるが、少くとも現在の製鉄所の工員は謙虚であり又智識は進んで居る」と、実は工場の勤務実態と映画の内容の違いの大きさに怒っているとしか思えない内容となっている。

同じ職場のある労働者もこれを観て「われ〱を侮辱し工場を過《あや》まるも甚しい」と憤激したそうだ(85)から、本当に製鉄所員に評判がよかったかどうか。とても労働者たちの増産意欲の向上には役立たないという意見が大日本産業報国会（官製の労働者組織、以下産報）の幹部から出る始末であった(86)。

60 『決戦の大空へ』 左より高田稔、1人おいて原節子

やはり不人気の国策映画

要するに、やはり国策映画は人気がなかったのである。実際、『日本映画』に掲載された、四三年の新作劇映画六三本(前年末封切二本含む)の封切興行時の映画館ごとの入場者指数(平均値を一〇〇とする)をみると、一般用映画(四七本)が九七・一、国民映画(すべて一般用、八本)が一〇三・三、文部省推薦(同上、一一本)が一〇四・七、非一般用(一六本)が一一四・九[87]で、非一般用映画の人気が高いという傾向が続いていた。

こうした状況に関し、「愚衆だなどと、いきなり観客大衆を黙殺し、彼等をたゞ低い映画観客層とのみしか理解できない批評家(津村秀夫のこと、注参照)には、観客大衆のこの極めて徐々にではあるが、映画の方向を形作つてゆく大きな力は遂に信じられないであらう[88]」とか、「観客動員というものは、よしすぐれた作品があつたにしても容易ではない。何故ならば映画の観覧は金を払つて見る観客の意志如何が決することで供給者の主観だけではどうにもならない[89]」という、観客の力を問い直す見方が再び現れた。

しかし、国民映画普及会は『決戦の大空へ』をとりあげ、年末までに普及会の団体観覧が四八六館で一三三一回開催され、一一一万人が観覧した[90]。これは『ハワイ・マレー沖海戦』をはるかに上回る成績である。東京では四三年四月以後、午前中は工場労働者慰安用の特別興行に充てられることが増えたため、団体観覧が困難となっていたことを考えると[91]、各道府県で普及会の設置が進んだためと考えられる。

また、開戦二周年を記念して一二月八日に封切られた松竹作品『海軍《かいぐん》』も真珠湾攻撃時の海軍特殊潜航艇の乗員たちを描いて戦意高揚を図った国策映画で、もちろん文部省推薦、国民映画となった。当然普及会の対象作品となり、警防団、公共団体、婦人団体が動員された[92]。

しかもこの作品は、『日本映画』一九四四年四月一五日号掲載の四三年の封切興行成績の一覧では入場者数順位で第一位、収入額で第二位になっている。しかし、これは特別に紅白二系統で同時に封切られためで、一館あたりでみると入場者数で二八位、収入額で三五位と決してよくなく、入場者数の割に収入が少ないことから、特に大人には不人気であったことがわかる。したがって本書では実質上の人気の第一位は『伊那の勘太郎』とみなす。

なお、国民映画の選定区分は四三年から暦年ごとになり、前述のように審査対象を全作品に拡大した。四三年は計八本の劇映画が国民映画に認定されたが、情報局総裁賞は該当なし、情報局賞は『海軍』、『決戦の大空へ』、そしてこれと似た趣旨の内容で同時に白系で封切られ、文部省推薦も得た松竹『愛機《あいき》南《みなみ》へ飛《と》ぶ』が受賞するにとどまった[93]。賞に漏れた五本を含め大ヒットはおろかヒット作もなく、国民映画の不振は続いた。

このように、映画業界は魅力ある国策映画をなかなか生み出せず、検閲の強化で娯楽映画も魅力を失いつつあった。さらに交換上映制の開始により事実上新作はすべて二週間興行となった。この時期の新作で二週間も客を呼べる内容を持つものは多くはなかった。

そのため、四二年から四三年にかけて、映画館は八パーセント減（一九八六館）にとどまったのに対し、常設館有料観覧者は三三パーセント減（三億四〇〇〇万人あまり）という大幅減となった。なお、『検閲年報』がない四三年以後は小人の観覧者数は不明である。

こうした事態に対し、『映画評論』四四年二月号の巻頭言で内務省警保局検閲課事務官熊埜御堂定は、「映画人にしてなほ本当の意味で戦争完遂の決意に欠けるものがあるのではないか」といらだちをかくさなかった。

日本移動映写連盟の誕生

こうした中で八月二六日に国民士気の昂揚や生産力増強のため、工場、鉱山、農山漁村などで移動映写を行うことを目的として日本移動映写連盟が設置され、九月から活動を開始した。上映作品や反響については次の4でみるが、これはまったく新しい組織ではなく、産報が福利厚生事業の一つとして行ってきた職場における上映活動と、映画法制定時に農村での映画鑑賞の機会の少なさが問題となったことから、農業関係団体や新聞社などが行ってきた農村での巡回映写活動を統合したものであった。

会長が情報局次長であることからわかるように、これも普及会と同様の官製組織で、各映画会社や翼賛会の傘下諸団体、関係官庁も参加した。その後一年以内に全都道府県に支部に当たる地方映写連盟が設置されたが、その会長もまた各都道府県の知事または内政部長か警察部長であった(94)。

設立後九ヵ月で映写回数三万回弱、観覧人数は一六〇〇万人を超え(95)、四四年一年間の観覧者数は四二〇〇万人弱と、戦時下において目的意識的に推進された各種の文化運動では最大の規模となったが(96)、それでもなお同年の映画館入場者数(三億一〇〇〇万人)の一四パーセント程度にとどまっていた。

移動映写連盟は国民映画普及会についで国策映画を強制的に国民に観せる施策であり、映画館を飛び出した点で普及会より進展した形といえる。しかし、これらの施策による動員数は自由意志による観客数に比べればまだまだ少数であった。

なお、四三年末、第二次映画雑誌統合が行われ、四四年一月からは映画業界向けの『日本映画』、評論家向けの『映画評論』、一般向けの『新映画』の三誌に統合された(97)。

4　映画統制の挫折

人気集める非一般用映画

一九四四年に入っても自由意志による観覧の場合の非一般用映画への人気は変わらなかった。『日本映画』掲載の四四年上半期の封切興行成績順位[98]では、第一位は戦意高揚を目的とした国策映画で、文部省推薦、国民映画となった東宝の戦争映画『加藤《かとう》隼《はやぶさ》戦闘隊《せんとうたい》』（三月九日封切）となっているが、これも二系統同時封切とされたためで、一館あたりの入場者数では二九本中一二位にとどまる。

したがって、実質上の第一位は一月三日紅系封切の松竹の現代人情物で、「近頃の作品にめづらしく恋愛結婚などの問題を持ち込んだにぎやかさ[99]」のためか非一般用に認定された一月三日紅系封切の松竹作品『おばあさん』と考えるべきである。

以下一〇位までは第二位に文部省推薦の戦争映画で二月一〇日紅系封切東宝作品『あの旗《はた》を撃《う》て』、第七位に情報局国民映画の時代劇で一月三日白系封切の阪妻主演の大映作品『剣風練兵館《けんぷうれんぺいかん》』が入っている以外は文部省推薦でも国民映画でもない一般用映画で、しかもほとんどがエノケン、嵐寛寿郎《あらしかんじゅうろう》、ロッパ、長谷川一夫、片岡千恵蔵、広沢虎造《ひろさわとらぞう》、柳家金語楼《やなぎやきんごろう》などの人気者が主役の娯楽映画であった[100]。

61　**『加藤隼戦闘隊』**　左より志村喬・藤田進

第三位の一月一四日白系封切の東宝作品『韋駄天街道《いだてんかいどう》』（主演長谷川一夫・榎本健二）は、幕末維新の中仙道のある宿場を舞台とする、風来坊と駕籠かきを主人公とするやくざ物の変種のような作品で、もちろん非一般用である。「正月興行は（中略）特に『おばあさん』と『韋駄天街道』とは抜群の興行収入を揚げた。而《しか》も映画劇場は連日産業戦士に満たされた。彼等は、むづかしい理屈や堅苦しい増産映画を望まない。たゞ『解り易くて』『面白い』興味中心の娯楽映画を望」んだのである。[101]

　四四年前半は第二次映画雑誌統制の影響で一時的に興行状況に関する情報が右の史料程度しかないため、個々の人気作のヒット要因は推測にとどまらざるを得ない場合が多いが、『あの旗を撃て』は太平洋戦争下のフィリピンを舞台にし、フィリピン人俳優も多数出演し、タガログ語や英語の場面も多い上、日本軍善玉、アメリカ軍悪玉という視点がはっきりしており、邦画としては異色の作品である点が洋画愛好者に受けたと考えるほかはない。

　結局、四四年上半期の各映画館の劇映画封切興行の入場者指数（平均値一〇〇）を見ると、二九本中、非一般用は三本で一二一・〇四に対し、一般用は二六本で八八・五、文部省推薦は六本で八四・七、国民映画は一三本で八二・四となり[102]、観客の自由意志に任せた場合の国策映画の不人気はますます明白となった。

「興行刷新実施要綱」

ところが政府は戦局の一層の悪化のため国民生活への統制を一層強め、映画統制も一層強化した。すなわち、二月二五日の閣議決定「決戦非常措置要綱」で「高級享楽の停止」が打ち出され[103]、三月五日から映画館を含む大都市繁華街の大規模劇場は一年間閉鎖された。東京の場合、映画館では日本劇場が閉鎖され、風船爆弾の製造工場に転用された[104]。

また、空襲時の延焼防止策として映画館密集地帯では映画館の疎開が行われることとなり、東京の場合、浅草・新宿・銀座地区などで一九館が取り壊しとなり[105]、四月一三日以後、大都市では封切館が中心部の映画館から工場地帯の映画館に移った[106]。

さらに三月二〇日付で内務省が発表し、四月一日から実施された「興行刷新実施要綱」で、文化映画の強制上映は撤廃されたものの、興行物の興行内容は「日本精神文化の発揚に資するもの」、「簡素剛健にして明朗闊達なるもの」、「戦争遂行の為の国民生活の新しき秩序建設を促進すべきもの」、「戦争下国民生活と遊離せるもの又は華美《かび》軽佻《けいちょう》若《もしく》は不健全と認められるものに非《あら》ざること」とされ、興行時間や劇映画の長さにも制限が加えられた[107]。

この措置の下で製作された七月六日白系封切の東宝作品『三尺《さんじゃく》左吾平《さごへい》』は、エノケン主演の喜劇映画なのにほとんど笑えない期待はずれの作品となった。四三年四月以後の交換上映制では第二週は第一

62 『三尺左吾平』 左より榎本健一・高峰秀子

週の六割程度であることが多いが、この作品の場合、白系で封切った週は八〇万円という、四四年下半期だけでなく通年でも実質第二位の興行収入をあげたものの、交換後の紅系では三〇万円にとどまった(108)。期待はずれの内容のため観客動員が続かなかったのである。

このころ、東京の工場地帯の映画館では、平日の昼間から子供が出入りしたり、座席の表の布が剝ぎ取られたり、便所の電球が紛失したり、労働者用の半額入場券を持っていないのに自分は労働者であるとして勝手に半額で入場しようとするなど、観客の行儀が悪くなりはじめた(109)。戦局の悪化によって都市部では生活物資の統制が激しくなり、人心が荒廃しつつあった。

東条内閣退陣による方針転換

このように統制強化を続ける東条《とうじょう》英機《ひでき》内閣への国民の不満はたかまり、本土空襲必至を意味するサイパン陥落を契機に、世論を意識した重臣層や議会勢力による倒閣運動が行われた結果、東条首相は七月一七日退陣を決意し、[110]七月二二日、小磯国昭《こいそくにあき》内閣が成立した。小磯首相は組閣時の談話で「心を虚《むな》しうして国内態勢の諸相を省《かえり》みるとき、国民的固有道義の自覚と発揚とにおいて、今一歩の潜心工夫を要する」と述べたが、[111]これは、「言論指導方針を率直に再検討」すること、つまり言論統制の緩和を意味していた。[112]

こうした状況を受けた形で、八月二日付の『毎日新聞』の社説は映画政策の転換を主張した。[113]すなわち、「戦時下国民の生活内容が制約され簡素化されて慰安娯楽が整理減少」される中で人々が娯楽に求めるのは「戦力増強へ働き抜いてゐる精神の緊張から解放されること」であり、「最近封切されたある喜劇映画が質的には低劣なものであつたに拘はらず、今春来最大の観客を吸収した如きは大衆の意向が那辺にあるかを示すもの」なので、「緊張させるべき時、解放さすべき時の適時性を巧みに配分することが必要」と論じたのである。「ある喜劇映画」とは時期的に考えて『三尺左吾平』であろう。

この社説は映画界に影響を及ぼした。専門家向けの映画雑誌『映画評論』九月号掲載の評論家・製作者・監督・文芸評論家計五名による匿名座談会「日本映画の新方向」では、この社説を引用しながら、「この時代に、啓発宣伝がおろそかにされていいといふことは勿論ないが、現実には、固苦しい生産増強映画を作つて工員達に見せてもちつとも受けない、空襲必至の今日、映画はいつそ大衆本位の娯楽一点ばりでいいといふ主張が最近頓《とみ》に台頭して来た。きくところでは、内務省の検閲官の間でさへ、かういふ点で必ずしも意見が一致してゐないらしい」[114]という発言があらわれた。

実際、番外館においても『化粧蜘蛛大会』[115]（大会とはシリーズ物の特集上映興行のこと）や『丹下左膳《たんげさぜん》大会』

といった娯楽映画の旧作再映に行列ができていた[116]。

さらに、八月に行われた移動映写連盟の映写会の反響調査をみると、具体的な作品名がわからないのは残念であるが、実際の上映で一番多いのが国策映画の四三パーセント、ついで娯楽映画の二九パーセントであるのに対し、希望調査では一番多いのが娯楽映画の四七パーセント、ついで国策映画の三八パーセントとなっており[117]、実態と希望の間にはかなりのずれがある。また、ニュース映画も実際の上映では一六パーセントに対し希望は一三パーセントにとどまった。提供された番組を人々が無条件に受けいれていたわけではなく、全体としては娯楽映画を求める気分の方が強かったのである。

ちなみに四四年の国民映画は、同年一〇月に選定事務を大日本映画協会に移管してから脚本段階で選定された一二本を含め、二八本という大量認定となった。明らかに「選定の基準が引き下げられた」のである。そのため、ようやくその中から『あの旗を撃て』と『剣風練兵館』と次にふれる『かくて神風《かみかぜ》は吹《ふ》く』という三本のヒット作が生まれた。また、それらの中から選ばれた情報局総裁賞は『加藤隼戦闘隊』、情報局賞も次にふれる『雷撃隊出動《らいげきたいしゅつどう》』ほか戦争映画ばかり三本であった。四五年は認定のみが行われるにとどまった[118]。

結局、国民映画受賞作品中でヒットしたのは『ハワイ・マレー沖海戦』と『姿三四郎』のみで、認定作品中でもわずかな数にとどまった。国民映画制度は失敗に終わったのである。なお、国民映画の選定基準が引き下げられた四四年段階でも封切邦画中国策映画とみなせる作品は七割に満たず、それ以前は二割以下であるから、少なくとも劇映画に関する限り、太平洋戦争下でも「娯楽映画が極端に少なくなって戦意高揚映画が多数を占める[119]」わけではない。

そして一〇月六日、閣議後の記者会見で緒方竹虎《おがたたけとら》情報局総裁は、「戦局苛烈《かれつ》に伴ひ国民の日常生活に困難な部面が多くなればなる程国民の気分を明朗に保つやう努力せねばならぬ、このため政府としては映画演芸等の国民が真に心から楽んで明日の戦力増強に役立つやうな娯楽を適当に与ふることをも考慮する」(120)と、娯楽に関する統制の緩和を言明した。

いうまでもなく新聞は映画雑誌に比べればはるかに読者が多く、社会的影響力も絶大である。そうした媒体で提案されたことが映画統制の緩和をもたらしたのである(121)。

なお、産報の厚生運動はすでに同じような状況となっていた。運動の初期(三九〜四〇年)には職場での芸術活動が奨励されたが、エリート文化の押し付けとして反発を買うことが少なくなかった上、増産奨励による余暇の減少でその種の活動は困難となり、四三年前半から浪曲・流行歌・漫才などの娯楽の鑑賞が中心となっていた(122)。

『かくて神風は吹く』と『雷撃隊出動』

しかし、すぐにこの方針が反映できるわけではない。右の言明以前から製作中で一一月九日白系封切の大映作品『かくて神風は吹く』は、元寇《げんこう》の映画化で、片岡千恵蔵・阪東妻三郎・嵐寛寿郎・市川右太衛門《いちかわうたえもん》という大映時代劇オールスターが出演し、元の船団が博多湾上で嵐により壊滅する場面では東宝の特殊技術が使われた(123)。この映画は「士気昂揚《こうよう》を図る」効果ありとして国民映画となり、内務省検閲手数料免除の優遇を受けた(124)国策映画である。

封切興行は九三万七〇〇〇円で四四年封切興行の第一位という好成績を収め、交換後も六三万円弱と

63 『かくて神風は吹く』 北条時宗に扮する片岡千恵蔵

まずまずであった。[125] 内容的には、当時の陸軍部隊の行軍にそっくりの幕府軍の行軍場面、ニュース映画の軍需工場の場面にそっくりの武器や軍船の製造場面をはじめ、全体的に歴史映画というより士気高揚の宣伝映画の色彩が濃く、封切時も、北条時宗《ほうじょうときむね》ほかの重要人物の時局的な演説が「徒《いたず》らに失笑を買ふ」状況であった。[126] したがって大ヒットの要因は事前の宣伝と配役と特殊効果と見るほかはない。[127]

　ちなみに山田風太郎氏は封切興行でこれを観て、「歴史映画などにては断じてなし。米の供出、産業戦士、女子挺身隊、船の不足、サイパンの玉砕（壱岐対馬の全滅）等を結びつけたるもの、かかるしろものにて果して士気昂揚になるなど国民を甘く見るや（中略）ただ神風のシーン、東宝特殊撮影のみちょっと見どころあり[128]」と日記に記している。

　一二月七日には同じく言明以前から製作中の東宝の戦争映画『雷撃隊出動』が紅系で封切られた。これは海軍省報道部企画、海軍省後援、劇映画では敗戦前最後の文部省推薦映画で、「旺盛なる攻撃精神を描いた」として国民映画となった国策映画である。

　しかし、この作品は『かくて神風は吹く』とは一転して封切興行で二九万四〇〇〇円弱、交換後で二四万八〇〇〇円弱という惨敗に終わり、同時に白系で封切られた松竹の戦意高揚映画『陸軍《りくぐん》』も同様であった。[129] その原因についての記録はないので、『かくて神風は吹く』との内容比較から推測してみると、

『雷撃隊出動』は、前線の海軍航空部隊がたびたび空襲に襲われるなど苦戦する現実が描かれているため、『陸軍』は地味でまじめなためと推測できる。

なお、生フィルム不足が一層深刻化したため、映画配給社は同じ一二月七日付の「全国映画興行場整備並新番線編成要領」によって一八四四館中七三一館を四五年一月末までに休止することを定めた。[130] 実際には敗戦までに五六〇館あまりが休止したが、空襲対策としての強制疎開や工場付属の演芸場への転換による休止館も敗戦までに一二〇館あまりにのぼり、上映館数は約三分の二に急減した。[131] これらの結果、四四年の常設館有料観覧者数は三億一五〇〇万人あまりに減った。

政府の方針転換の影響

政府の方針変更は翌年一月の封切作品から影響が現れた。たとえば、四五年一月一一日白系封切の東宝製作のエノケン主演の時代喜劇『天晴《あっぱ》れ一心太助《いっしんたすけ》』では同じエノケン主演の『三尺左吾平』にくらべて喜劇味が明らかに増えていた。また、古川ロッパ主演の東宝作品『勝利《しょうり》の日《ひ》まで』（一月二五日紅系封切）は、東宝所属の女優や喜劇俳優（高勢実乗《たかせみのる》など）が多数出演し、歌や芸を披露する娯楽映画である。[132] 一月の個々の作品の興行成績は不明だが、一月全体では約一三〇〇万円、前年一一月とほぼ同じで、入場人員（約二九八〇万人）も前年一一月よりやや少ない程度である。[133] 現実が厳しいときでも（あるいはだからこそ）エノケン・ロッパの人気は衰えなかったのである。

さらに、敗戦直前の七月一二日白系封切の大映作品『東海水滸伝《とうかいすいこでん》』（主演片岡千恵蔵）は、昭和戦中期に何度も映画化されてきた、浪曲の森《もり》の石松《いしまつ》の物語による股旅《またたび》物であるが、太平洋戦争期の邦画新作では

64　焼け野原の東京

きわめて珍しい男女の抱擁場面がある。ただし、もはやこの時期は興行成績に関する記録がなく、人気のほどは定かではない。

戦局の極度の悪化はその他の分野にも影響を及ぼした。映画業界団体のうち、映画配給社と大日本映画協会は四五年六月に統合されて社団法人映画公社となった[134]。また、国民映画普及会は、「戦況熾烈《しれつ》」のため四五年一月に自然消滅となった[135]。移動映写連盟は、四五年度でもなお全国平均で毎月一〇〇万人程度を動員しており、特に農村部では依然活発であったが、上映内容は先に見たとおりであり、都市部では四四年度の半分から三割程度に減少した[136]。四五年に入ると本土空襲が本格化し、大都市、ついで地方都市が大きな被害を受けるようになったためである。もちろん映画館の被害も大きかった。

休止中の館も含めた被災館数は、一月東京一、名古屋四、二月東京三、三月大阪二六、名古屋二四、神戸一一のほか、一〇日未明の有名な東京大空襲で四五、四月東京四〇、川崎一〇、横浜五、五月東京二八、横浜一四、名古屋五、六月には主にその他の全国各地で八四、七月は一四〇、八月は七四で、あわせて五一四館が被災した[137]。四四年六月現在の全国の映画館数[138]は一八二九であるから約二割が、東京の場合は四四五館であるから四分の一が被災したのである。四五年八月末現在で営業中の映画館は八四五館に過ぎなかった[139]。敗戦前の全盛期の三分の一である。映画界はこうして敗戦を迎えることになった。

5　敗戦をむかえて

敗戦と映画界

八月一五日の敗戦で空襲はなくなったが、人々は茫然自失、映画館も一週間休業した。再開後は映画公社が排外的な作品、戦闘場面を含む作品、文化映画やニュース映画の上映を禁じた。九月一八日には内務省と情報局が上映時間制限などの諸規制を廃止した。九月二二日、占領軍総司令部民間情報教育局（CIE）は映画界の首脳を招き、最高司令官の名で映画界の民主化を指示した。[140]

その内容は、軍国主義の排除、自由主義の奨励、日本が将来世界平和の脅威とならない状況を作ることという占領軍の三大占領方針の遂行に寄与する映画の製作を奨励する一方、封建的な内容の時代劇の製作を事実上禁止するというものであった。

情報局は一〇月一日に機能を停止し、一二月三一日に廃止された。一〇月一六日に占領軍が発した「映画企業に対する日本政府の統制の撤廃に関する覚書」により、映画法は一二月二日に廃止され、映画公社も機能を停止し、一二月三〇日に解散した。

また、一一月一六日の総司令部の指令で軍国主義的とみなされた映画二三〇本あまりの劇映画が上映禁止とされた。(141)国民映画に指定されたものを含めいわゆる国策映画はすべて該当したほか、『ハナ子さん』や『音楽大進軍』のように、封切当時に官憲から批判された作品でも、何らかの形で戦意高揚的な場面があると判断された場合は禁止された。ただし、この指示はいきわたらず、地方では禁止対象の映画が上映される事態が続いた。さらに、同月一九日には今後禁止される題材が占領軍から示された。軍国主義を鼓吹《こすい》したもの、仇討ちを扱ったもの、封建的忠誠を好意的に扱ったもの、暴力を是認したもの、ポツダム宣言や総司令部の指令に反するものなど一三項目である。

戦中期の映画統制はひとまず終わりを告げたわけだが、一〇月初旬からCIEが映画検閲を開始し、今度は占領軍による民主化を主眼とする映画統制が一九五二年の独立回復まで続く。具体的には、新作の場合、企画書と脚本の英訳をCIEに提出させ、検閲の後、占領軍の民間検閲支隊(CCD)でも検閲を受け、合格すればCCDから認証番号が与えられ、この番号がないと上映できなくなった。

さて、こうした激動に対し、映画界はどのように対処しようとしたのか。

映画界のとまどい

東宝の森岩雄は九月二二日、占領軍の総司令部の一室で映画界の民主化に関する指示についての質疑が続いている間、第一次世界大戦後のドイツで映画事業が苦境に陥ったという話を思い出し、「日本の映画事業の再建が、さう簡単に行はれるだらうか」との不安から解決策に思いをめぐらしていた。

その横で松竹の城戸四郎は、CIEの担当者に対し英語で、

軍国主義の反対も、戦争犯罪者の暴露も、戦争惨害への回想も何もかもやらう。しかし、そのや

うな仕事は民情の動きに対する現実的な観察から始めることが大切だと思ふ。現在の日本の大衆は、いやそれを作ることを担当する作者や監督や製作者の大部分の心持は、必しもそのことから始めてよい状態にはゐないやうに思はれる。これらの人々は、大部分痛い傷口にさはられる仕事をしたくないし、又、さうした作品を見たくない〔中略〕。人々の望むものは平和な、明るい、楽しい、而《しか》し十分に建設的なものを望んでゐる。

などと漸進的な転換を主張した。

しかし、CIEの担当者は「今の日本は出来るだけ早い切り替えが必要」なので、「漸進主義をとることは不可《いけ》ない」と答えた。これを聞いた森は、「撮影所の誰れ彼れの顔を思ひ浮べた。諸君の考へと米軍の考へとの、あまりに大きい距離をいかなる方法によつてちぢめたらよいか、私は一寸途方にくれた」。(142)

評論家たちの方は、国策映画を推奨し続けてきた津村秀夫のように、「日本映画に今まで思想がなく、主張がなく、批判のなかつた一半の理由は、たしかにあの永年の検閲制度のお蔭には違ひない」、「映画界は近い将来に宗教的といひ得るほどの崇高な感情を盛つた日米親善映画を創造する位の決断力があつてほしい」などという豹変ぶり(大衆蔑視は相変わらずだが)を示す者もいたが、(143)筈見恒夫《はずみつねお》のように、今日の日本の言論界と同様、映画界も「昨日までの黒を白と云ひ立て、善を悪だと云ひ立てれば、どうやらその日その日を過ごして行ける時代」だが、「昨日の白を、今日の黒だなどと、無理に納得させるのでは、自分の心に対して余りにも気の毒ではないか」ととまどいを隠せない者もいた。しかし、その彼も、続く文章は戦時下の言動や行動の弁解とならざるをえなかった。(144)

映画界は、敗戦までの状況と占領軍の方針との落差にとまどいながら戦後という時代に直面していったのである。

戦争責任については映画界の中で自主的に追及する動きが現れたが結論に達することなく、占領軍が森・城戸・永田雅一ら戦時期の映画各社の経営陣三一名を四七年秋以降公職追放した。しかし一九五〇年秋までには解除され、森・城戸・永田らは戦後の映画界でも活躍することになる。(145)

敗戦後の映画興行

敗戦後初の邦画封切は八月三〇日の松竹『伊豆《いず》の娘《むすめ》たち』（主演佐分利《さぶり》信《しん》・三浦光子《みうらみつこ》）と大映『花婿太閤記《はなむこたいこうき》』（主演嵐寛寿郎・月形龍之介《つきがたりゅうのすけ》）で、その後年内に封切られた邦画は一三本。大映六本、松竹五本、東宝はわずかに二本である。(146)松竹の作品には戦後最初のヒット曲として有名な「リンゴの歌」を含む『そよかぜ』（一〇月一一日封切、主演佐野周二・並木路子《なみきみちこ》）がある。東宝の戦後第一作は『歌へ！太陽』（一一月二二日）であった。これは戦前からの人気歌手灰田勝彦とエノケン、轟夕起子の三人が同じ一座の歌手仲間を演じる恋物語である。

興行の実態だが、残念なことに四五年末からしかわからない。『日本映画』は敗戦で事実上の廃刊、『キネマ旬報』が再刊するのは四六年三月、再刊第一号の「映画館景況調査」は四五年一二月二七日分からはじまっているからである。

この日、大映の戦争犯罪暴露物『犯罪者《はんざいしゃ》は誰《だれ》か』（主演阪東妻三郎）、東宝の喜劇映画『東京五人男《とうきょうごにんおとこ》』（主演古川ロッパ、エンタツ・アチャコ、石田一松、柳家権太楼）が封切られた。前者は主に松竹系以外の封切館で、後者は日劇のみで上映されたが、四六年一月三日には前者の上映館もすべて後者の上演に切り替えられた。封切興行（一週間）の興行収入を比較すると、新宿東宝では前者が二万六〇〇〇円あまりに対し後者は四万八〇〇〇円あまり、浅草の富士館でも前者が四万五〇〇〇円弱に対し後者は七万六〇〇〇円弱で、他の上映館でも同じような傾向であった。そもそも『東京五人男』の日劇での上映は一月一六日まで三週続映という好評ぶりで、それゆえに『犯罪者は誰か』を駆逐したのである。

また、松竹系封切館でも、高峰《たかみね》三枝子《みえこ》・水《みず》の江《え》滝子《たきこ》主演の音楽映画『グランドショウ一九四六年』（一月三日封切）と戦争犯罪暴露物『喜劇《きげき》は終《お》わりぬ』（一月一〇日封切）の封切興行を比較すると、浅草松竹映画劇場では前者が八万五〇〇〇円あまりに対し後者が五万三〇〇〇円弱で、他の松竹系封切館でも同じような傾向であった。

65　『東京五人男』　左より古川ロッパ・高勢実乗

　やっぱりというべきか、占領軍による国策映画といえる戦争犯罪暴露物より音楽物や喜劇物が好評だったのである。映画館の主な所在地である都市は農山漁村部と異なり空襲の被害が大きく、生活の再建は容易ではなかった。映画館はそうした中では民主主義の学校や戦争責任を裁く法廷である以前に格好の息抜きの場だったのである。

　これらの作品のうち、『東京五人男』についてはその人気のほどがうかがえる回想がある。この映画は、東京の焼け野原に徴用から戻ってきた五人の男が力を合わせて闇行為を退治し、町を再建するという物語である。

先にもご登場いただいた佐藤忠男氏（当時一五歳）は郷里新潟の映画館でこれを観た。ロッパ扮する主人公のひとりが、学童疎開から戻った一人息子と焼け野原の中のドラム缶の風呂につかりながら「〽お殿さまでもおいらでも、風呂に入るときゃみな裸」と歌う場面で「平和のほうがいいという思いがこみあげ」感動したという[147]。

また、演芸評論家の矢野誠一氏（当時国民学校五年生）は、東京渋谷の映画館でこれを観て笑いまくり、先のロッパの場面は今でも記憶にあるという[148]。たしかにこの映画は今ビデオで観てもけっこう笑えるし、当時の人々の平和回復の喜びが伝わってくる。

なお、占領初期は製作資材の不足や撮影所の体制の不備のため毎週新作の封切ができず、禁止リストに載らなかった戦前・戦時の旧作が盛んに上映されたが、新作・旧作を通じて安定した収入をあげていたのは、『エノケンの青春酔虎伝《せいしゅんすいこでん》』、『エノケンの法界坊《ほうかいぼう》』をはじめとするエノケン物（それも封切時にヒットした作品）であった[149]。

ただし、先ほどの『東京五人男』を含め、戦後初期の同時代を舞台にした喜劇映画には占領軍の方針に従い、ほぼ必ず結末に民主主義を鼓吹する場面が含まれている。私が観た二本のエノケン映画、すなわち東宝製作『幸運《こううん》の仲間《なかま》』（四六年四月一八日封切）、大映製作『びっくりしゃっくり時代』（四八年七月五日封切）では、戦中の同時代を舞台にした娯楽映画の大半が背景として戦争を扱ったのとは異なり、映画の結末で民主主義の礼賛と従来の政治家への批判が高らかに叫ばれる（歌われる）という形である。占領軍による映画の政治利用は戦中までよりは進んでいたといえよう。

高度成長を支える遺産

いずれにしろ、焼け野原の都市部では唯一の娯楽として映画は歓迎され、常設館の有料観覧者数は四六年にははやくも七億人を超え、映画館数も四八年には二〇〇〇館を超えるなど激増した[150]。その後、四九年から五〇年にかけては東宝撮影所の大争議の影響で観覧者数は一時伸び悩むが、五一年の占領終了と前後して、東横映画(東映《とうえい》)という新しい映画製作会社の設立、日活の製作再開などでその後再び増加に転じ、一九五八年に一一億二七〇〇万人を記録し、映画館も一九六〇年には七五〇〇館近くに達した。邦画の封切本数もこの時期には敗戦前の最盛期と並ぶ勢いとなった。

ここに至る過程で配給収入(戦後は興行収入にかわって配給収入で人気をはかった)上位の作品を見ると、大部分がメロドラマ、チャンバラ、喜劇、ミュージカルなど、本書で言う娯楽映画に分類し得る作品であり、しかも、戦後登場した新しいスターたちに混じ

66　1959年の浅草六区

って、長谷川一夫・片岡千恵蔵・大河内伝次郎《おおこうちでんじろう》・阪東妻三郎・嵐寛寿郎・市川右太衛門・山田五十鈴・田中絹代・高峰三枝子・高峰秀子など、戦前あるいは戦時期からのスターが主演をつとめる作品も少なくないことに気づく。エノケンも多数の映画に出演し、はじめは主役を、のちには重要な脇役をつとめ、それらの中にはヒット作も少なくなかった。

一九五〇年代後半になるとテレビが急速に普及し、映画はテレビに客を奪われはじめ、映画興行の主力は次第に洋画、特にアメリカのハリウッド映画となった。しかし、一九七〇年代ころまでのテレビの娯楽番組の主力は、スポーツ中継を除くと、メロドラマ、チャンバラ、時代劇、喜劇や音楽バラエティなど、それまでに日本の映画界が試行錯誤の中で観客とともに生み育ててきた形態であり、それらの番組の主役は戦時期までの娯楽映画でも活躍していた俳優や歌手たちであることが珍しくなかった。

つまり、少なくとも映画やテレビ番組に関する限り、戦時下や占領下の強い統制があったにもかかわらず、庶民の娯楽の好みはごくゆるやかに変化していったのである。戦後日本の高度成長を担った人々の疲れを癒した娯楽は戦前・戦時期の娯楽映画の遺産の上に成り立っていたのである。

そして、今でも人気テレビドラマには戦時期の娯楽映画の大ヒット作と同じく、リアリティーそっちのけで人気スターの魅力を前面に押し出したものが少なくなく、我々は十分にそれらを楽しんで仕事への活力を得ている。劇というものの楽しみとはそう簡単に変化しないものなのであろう。

(1)「決戦下に処する映画界」六頁。
(2)「日本映画の進路」一〇頁。
(3)「映画館の頁　興行概況」、「初春興行打診　市内映画館巡り」(『映旬』三六、四二・一③)。
(4)「興行収入と入場人員から見た作品価値」(同右七八、四三・四②)九四頁。
(5)「座談会　日本映画の隘路打開」(『映評』四四・一〇・一一合併号)三一～三二頁、高橋健二(独文学者)の発言。
(6)たとえば、「自昭和十七年四月一日　至昭和十八年三月三十一日　一番線上映映画一覧表」(『映旬』七八、四三・四②)八四～九〇頁参照。エノケンの再映物が比較的好評であったことは該当作品上映時の「興行展望」参照。
(7)「全国常設映画興行場種別調」(『検閲年報』四二年版)六七～六八頁。
(8)「映画行政座談会」(『映旬』四七、四二・五②)。
(9)「国民映画座談会」(『日映』四二・五)六一頁、不破の発言。
(10)「作品別全国封切成績順位一覧表」(『映旬』七一、四三・二①)三三頁、「各社封切作品興行収入順位表」(同右八二、四三・五③)三二～三三頁。後者は四二年度の順位である。収入額は後者の方が正確なので後者の数値をとった。採算点は紅白亭「興収決算」(同右)三二頁。以下、四二年末までの興行収入に関してはこれらの史料による。
(11)Q「新映画評」(『朝日新聞』四二年四月二三日付朝刊)。
(12)清水千代太「映画時評　頽廃娯楽を排せよ」(『映旬』四七)三頁。足立忠「映画の娯楽性」(同五四、七③)七頁、帝都座武井国夫「興行日記『待って居た男』」(同四九、六①)五四頁もほぼ同趣旨である。
(13)前掲「興収決算」(『映旬』八二)三三頁。
(14)前掲「興行日記」五四頁。
(15)以下、四二年の文部省推薦映画の推薦理由は「昭和十七年映画選奨・其他」(『昭和十八年映画年鑑』)による。
(16)「『マレー戦記』宣伝抄」(『映旬』六〇、四二・九③)四九頁。
(17)「興行展望」(同右)四六頁。
(18)「校外映画引率観覧問題座談会(承前)」(『映教』四二・一二)二二頁。

(19) 鈴木喜代松（東京市芝区赤羽国民学校訓導）「『マレー戦記』と鑑賞態度」（同右四二・一〇）四三〜四四頁。
(20) 「校外映画引率観覧問題座談会」（『映教』四二・一二）二九頁。
(21) 「映画興行の現状を語る　座談会」（『映旬』六九、四三・一①）六九頁。
(22) 「劇映画批評」（同右六七、四二・一二①）九二頁（大塚恭一執筆）。
(23) 「興行展望」（同右六八、四二・一二②）一〇三頁。
(24) 権田「国民娯楽と映画」（『映旬』七二、四三・二②）三一頁。
(25) 飯島正「映画は生活のすがた」（同右掲載）。
(26) 詳細は、ピーター・B・ハーイ『帝国の銀幕』（名古屋大学出版会、一九九五年）三五〇〜三五三頁。
(27) 山田風太郎『戦中派虫けら日記』（未知谷、一九九四年、のちちくま文庫）「あとがき」。
(28) 同右二三〜二四頁。
(29) 小林信彦『一少年の観た〈聖戦〉』（筑摩書房〈ちくま文庫〉、一九九八年、原著一九九五年）六二頁。
(30) 石川純「新聞映画欄側面月評」（『日映』四三・二）一〇九〜一一〇頁、板垣鷹穂「教育者のための映画鑑賞講座」九一（『映教』四二・一二）一二頁。
(31) 東京市南山国民学校映画部「『ハワイ・マレー沖海戦』を観せて」（『映教』四三・一）。
(32) 佐藤忠男『日本映画史』第二巻（岩波書店、一九九五年）六九頁。
(33) 「学童に映画教室」（『朝日』一一月二六日付夕刊）。
(34) 紅白亭「興行雑談」（『映旬』六九）七五頁。
(35) 「十二月八日はもう直ぐだ！　必勝第二年へ総進軍　決意を盛る多彩な記念行事」（『朝日』一二月一日付朝刊）。
(36) 前掲佐藤書第二巻六九頁に氏自身の事例がある。
(37) 高橋璡熊（東京市富士国民学校訓導）「映画教育運動の新段階」（『映旬』八三、四三・六①）一六頁。
(38) 「国民映画普及会　内務省が促進通牒」（『映旬』六九）三六頁。
(39) たとえば、津村秀夫「新観客層の獲得運動について」（『新映画』四二年二月）三四頁に「与へ方の方面については、既に私は公共団体の集団鑑賞の奨励その他について主張しつづけて来た」と述べている。

(40) 長谷健「国民映画普及会について」(『日映』四三・二)一〇一頁。

(41) 紅白亭「興行雑談」(『映旬』六九)七五頁。

(42) 同右。

(43) 『映教』四三・一、四六〜四七頁。

(44) 「国民映画普及会、昨年末迄の業績」(『日映』四四・四月一日)三五頁、「国民映画普及会」(同右同年四月一五日)二四〜二五頁、北沢省三「国民映画普及会の動態」(『映旬』九七、四三・一〇③)二六頁。

(45) 前掲「興収決算」(『映旬』八二)三二頁。

(46) 事件の概要は、①永田雅一「十年を顧みて」(『大映十年史』大映㈱、一九五一年)、②四三年二月六日第八一帝国議会衆議院予算委員会「官吏ノ瀆職事件並ニ思想犯罪事件ニ付テ」(岩村通世法相の答弁、衆議院事務局編『帝国議会衆議院秘密会議事速記録集』衆栄会、一九九六年)六四八〜六四九頁、③「松本学日誌」四三年一月八日(未公刊、国立国会図書館憲政資料室蔵「松本学関係文書」)による。永田の回想は①、川面の発言は③、川面の人事は戦前期官僚制研究会編・秦郁彦著『戦前期日本官僚制の制度・組織・人事』(東京大学出版会、一九八一年)二八四頁、不破の人事は、「情報局芸能課長井上清一氏就任」(『映旬』八〇、四三・五①)六頁。

(47) 国立国会図書館憲政資料室蔵「松本学日誌」四三年二月五日条。なお、この時期の官僚の汚職については別の機会に論じる予定である。

(48) 「正月興行概観」(『映旬』七〇、四三・一③)四〇頁。

(49) 前掲佐藤書第二巻五五頁、櫻本富雄『大東亜戦争と日本映画』(青木書店、一九九三年)九六頁に簡単な指摘がある程度である。

(50) 以下、四三年一月から年末までの封切興行の入場人員数と順位、興収順位(いずれも全体および一館ごと)、封切館数は、「昭和十八年度封切映画・封切館入場者数一覧」(『日映』四四・四月一五日)二六〜二七頁。興収額は、前掲「各社封切作品興行収入順位表」(『映旬』八二)、「封切映画全国興収順位一覧表」「全国封切館交換週間上映作品興収順位一覧表」(同右九六、四三・一〇③)二八頁、「興行展望」(同一〇〇、一一③)七五頁などによる。

なお、「昭和十八年度封切映画・封切館入場者数一覧」では入場者数第一位、興行収入第二位は『海軍』となっているが、これは特別に二系統同時封切という特例によるもので、一館当りでは入場者数二八位、興行収入三五位にとどまっているので、以下、この作品を除外して順位を示す。また、右記の諸史料には洋画および長編文化映画計三本も含まれているので、邦画の劇映画に話を限定する場合はこれらを除外して考える。

(51)「興行展望」(『映旬』七一、四三・二①)五六頁。
(52)「番組別最高最低料金調」(『日映』四四・七月一日)二五頁。
(53)「正月興行概観」(『映旬』七〇)四〇〜四一頁。
(54)「興行展望」(同右七一)五六頁。
(55)『朝日新聞』四二年一二月三〇日付。
(56)岩瀬好三「正月映画の表情」(『日映』四三・二)一〇七頁。
(57)前掲佐藤書第二巻五五頁。ただし根拠は明示されていない。
(58)石川純「新聞映画欄側面評」(『日映』四三・三)六二頁。
(59)前掲岩瀬論説一〇七頁。
(60)「劇映画批評」(『映旬』七一)二三頁(上野一郎執筆)。
(61)「興行展望」(同七二)四一頁。
(62)同右(同七三、四三・二③)四〇頁。
(63)同右(同七四、四三・三①)三八頁(京阪神概況)。同誌七五号の同欄(三四頁)の「名古屋通信」も同様の成績を報じている。
(64)「映画検閲時報　制限の部　昭和十八年」第二号四〜五頁(『検閲時報』第四〇巻)、岩本憲児・佐伯知紀編著『聞書き　キネマの青春』(リブロポート、一九八八年)二二七〜二三二頁(マキノ正博の回想)、斎藤忠夫『東宝行進曲』(平凡社、一九八七年)八九〜九二頁。
(65)「時事録音　検閲強化の波紋」(『映旬』七七、四三・四①)一八頁。
(66)「国内態勢強化と映画界」(業界首脳の座談会)(『映旬』九八、四三・一一①)六頁。
(67)注(65)と同じ。
(68)この事件についての詳細は前掲ハーイ書四二四〜四二七頁参照。

（69）「決戦期映画界の進路座談会」（『映旬』七六、四三・三③）一六～一七頁、不破の発言。

（70）山根正吾「日本映画は何処迄も南進する！」（同右四六、四二・五①）三七～三八頁。

（71）「日本映画の内幕を解剖する」（座談会）（『キネ旬』六九四、三九・一〇①）一四七頁。

ちなみに日本の植民地の状況であるが、現地の人々に関してみると、朝鮮では洋画が、台湾では中国映画が最も人気があり、日本映画では現代物の劇映画が最も好まれていた。しかし戦時期には当局の方針で日本映画以外は次第に上映しにくくなっていった（「地方通信　京城」〈『キネ旬』六八七、三九・七③〉九七頁、田村志津子『はじめに映画があった』中央公論新社、二〇〇〇年、第四章）。

（72）田中純一郎『日本映画発達史』第三巻（中央公論社、一九五七年）一一六頁。

（73）映画配給社南方局調査部「南方各支社の現況と日本映画の反響」（『映旬』七八、四三・四②）、「上海租界最初の邦画常設館大華大戯院反響調査報告」（同七九）、野口久光「中国人の映画眼」（同八三、六①）、高木俊郎「南方映画往来」（同九九、一一②）、津村秀夫「昭和十八年総説　映画政策」（『映評』四四・二）、「南方諸地域映画事情」（『日映』四四・四月一日）、「共栄圏映画情報」（同四月一五日）、「比律賓《フィリピン》映画界」（同八月一五日）、「泰国映画情報」（同九月一五日）、「共栄圏映画事情」（同四五・一月一五日）など。ただしタイは占領地ではなく同盟国である。

中国で『支那の夜』が好評であったことは野口「中国人の映画眼」で指摘されていることで、従来の説（四方田犬彦『日本の女優』岩波書店、二〇〇〇年、三二九～三三〇頁）とは異なるが、野口は「『支那の夜』の如きひとりよがりの大陸映画が中国人に好感を与へる筈はない。われわれはさう信じ切ってゐただけに一応意外である」（二一頁）と、この映画に好意的ではない立場から報告しているので信頼度が高い。歴史とはなかなか一筋縄ではいかないことがこの事例からうかがわれる。

なお、寺見元恵「日本占領下のフィリピン映画」、ユサ・ビラン「日本占領下のインドネシア映画」（いずれも『講座日本映画』四、岩波書店、一九八六年）は現地側の視点からこの問題にふれている。

(74)　前掲「南方映画往来」二〇頁。
(75)　前掲「昭和十八年総説　映画政策」八頁。
(76)　鶴見俊輔「戦後の大衆文化」(前掲『講座日本映画』四)三四一〜三四二頁。
(77)　「決戦期映画界の進路座談会」一七頁。
(78)　同右一六頁、金指英一(映画配給社常務理事)の発言。出席者全員が同意している。
(79)　井上清一「決戦下の映画企画」(『映旬』八八、四三・七③)一一頁。
(80)　津村秀夫「国民指導と映画政策」(『映評』四四・一)八頁。
(81)　「興行展望」(『映旬』九六、四三・一〇②)二八頁。
(82)　同右。
(83)　「興行展望」(同右九九、四三・一一②)三六頁。
(84)　長谷川健(日鉄技師)「『熱風』の舞台裏から」(同右九七、四三・一〇③)九頁。
(85)　三輪寿壮(大日本産業報国会企画部長)「映画を産業戦士へ」(『映評』四四・一)一二頁。
(86)　同右。大映社長菊池寛も同じ意見を座談会で述べている(「決戦下の映画について」〈『新映画』四三年一二月〉一三〜一四頁)。
(87)　「昭和十八年度(暦年)封切長編日本映画封切興行収入並封切館入場者数分析表」(『日映』四四・七月一日)二〇〜二三頁。
(88)　山崎勇「観客の審判」(『日映』四三・九)二五頁。「愚衆」は津村秀夫が『文学界』一九四二年一〇月号に掲載された座談会「近代の超克」ですでに用いている言葉なので(『近代の超克』冨山房、一九七九年、二五八頁)、評論家とは津村のことと思われる。
(89)　「興行展望」(『映旬』九九)三六頁。
(90)　前掲「国民映画普及会、昨年末迄の業績」。
(91)　前掲高橋論説一七頁。
(92)　前掲「国民指導と映画政策」七〜八頁。
(93)　「情報局国民映画について」(『日映』四四・一〇月一五日)八〜九頁。
(94)　移動映写連盟の機構や結成に至る経緯は、高岡裕之「戦時期移動映写運動に関する基礎的考察」(『地域社会研究』〈都留文科大学〉一二、二〇〇二年)。
(95)　永原幸男「移動映写の現状と将来の発展的課題」(『映評』四四・九)二〇頁。

(96) 前掲高岡「戦時期移動映写運動に関する基礎的考察」三五頁。
(97) 前掲田中書第三巻一四二～一四三頁。
(98) 「昭和十九年度上半期封切長編映画作品封切興行成績」(『日映』四四・一一月一五日)。
(99) 大塚恭一「歳末正月映画総評」(『映評』四四・二)三九頁。
(100) それを裏づける史料として、(「昭和十九年上半期(一月―六月)封切長編映画傾向一覧表」〈同右四四・七月一五日〉)、大井広介「産業地帯の一番館歴訪記」(『映評』四四・九)。
(101) 「昭和十九年の映画興行界」(『日映』四四・一二月一日・一五日合併号)一五頁。
(102) 「昭和一九年度上半期(一月―六月)封切長編日本映画封切興行収入並封切館入場者数分析表」(『日映』四四・七月一五日)。
(103) 内閣制度百年史編纂委員会編『内閣制度百年史』下巻(大蔵省印刷局、一九八五年)二五六頁。
(104) 東宝五十年史編纂委員会編『東宝五十年史』(東宝株式会社、一九七七年)一八五頁。
(105) 「十九映画館を分散」(『日映』四四・四月一日)一九頁。
(106) 「全国封切館一覧表」(同右四四・五月一五日)二一～二三頁。
(107) 同右四四・四月一日、二頁。
(108) 「七月封切映画並ニ週別興行収入」(同右四四・九月一五日)二五頁。なお、一月から六月までの交換週の各作品の興行成績は不明である。
(109) 前掲「産業地帯の一番館歴訪記」三〇頁。
(110) 詳細は拙著『戦時議会』(吉川弘文館、二〇〇一年)二〇五～二一八頁。
(111) 前掲『内閣制度百年史』下巻、二六〇頁。
(112) 「新内閣・決戦政治の方向　闊達の民意を基礎軍需生産に総力注入」(『毎日新聞』七月二四日付)。
(113) 「緊るときと寛ぐとき」(同右八月二日付)。
(114) 以上、「日本映画の新方向」一二頁。
(115) 三九年四月封切の大都製作の前後編の時代劇。
(116) 前掲「座談会　日本映画の隘路打開」三二頁、高橋の発言。
(117) 日本移動映写連盟提供「日本移動映写連盟映写会開催の状況並に批判調査」(『日映』四四・一一月一日)。同記事の調査結果一覧表の分類のうち、「軍事国防」「敵愾心昂揚」「生産増強」を国策映画に、「時局倫理」「娯楽」「淳風美俗」「漫画」を娯楽映画に分類した。「時局倫理」には『おばあさん』が、「淳風美俗」には『高田馬場前後』『芝居道』『土俵祭』が含まれる（前掲「昭和十九年上半期（一月―六月）封切長編映画傾向一覧表」）からである。なお、他の項目は「生活」「ニュース」「外国」「科学」である。

(118) 「情報局国民映画について」（『日映』四四・一〇月一五日）九頁、大日本映画協会編「昭和十八年昭和十九年　昭和二十年　映画年鑑」（未公刊、東京国立近代美術館フィルムセンター所蔵、以下「昭和二十年映画年鑑」）の「2、映画政策」の「1、国内映画政策概説」（引用も）。

(119) 前掲佐藤書第二巻五一頁。

(120) 「国民生活に不要な負担避く　緒方総裁談」（『朝日新聞』四四年一〇月七日付）。

(121) 政府の映画政策の転換を具体的に指摘したのは前掲ハーイ書四五七頁が最初であるが、同書ではこれを四五年一月としている。

(122) 高岡裕之「大日本産業報国会と『勤労文化』」（『年報日本現代史』七、二〇〇一年）六五～六八頁。

(123) 「劇映画作品評」（『日映』四四・一二月一日・一五日合併号）三五頁。

(124) 「昭和二十年映画年鑑」の「5、映画選奨・表彰・其他」の「四、情報局国民映画」。『雷撃隊出動』の場合も同じ。

(125) 「十一月度封切映画並ニ週別興行収入」（『日映』四五・一月一五日）二二頁。

(126) 前掲「劇映画作品評」。

(127) 『新映画』四四年一一月号は数頁にわたり、本作品の紹介や推薦の記事をのせている。

(128) 前掲山田書三四七頁（一一月九日の記事）。

(129) 「十二月度封切映画並ニ週別興行収入」（『日映』四五・二月一日・一五日合併号）二七頁。

(130) 「興行新体制」（『日映』四五・一月一日号）四～七頁。前掲田中書第三巻一六〇頁では七〇〇館への配給停止が実現したように書かれているが、あくまでもこれは予定であって、実際には後で述べるように予定通りには進まなかった。なお、全国の映画館数は別掲の表（映画関係統計）の数と合わないが、このままとする。

(131) 「時報」(『キネ旬』再建第一号、四六・三①)四頁(「戦災館五三〇館」)。
(132) 前掲ハーイ書四五九頁。
(133) 「昭和二十年映画年鑑」の「9、映画配給・興行」の「上映収入及配分一覧表」。
(134) 同右「三、主要映画関係商社並団体」。
(135) 前掲「上映収入及配分一覧表」。
(136) 同右「9、映画配給・興行」の「10、移動映写」。
(137) 「昭和二十年映画年鑑」の「昭和二十年映画界日誌」。
(138) 同右の「全国常設映画館状況」、東京の映画館数も同じ。
(139) 前掲「時報」(『キネ旬』再建第一号)四頁(「戦災館五三〇館」)。なお、「映画年鑑」と『キネ旬』再建第一号で被災館数に違いがある。休止館の被災を算入したかどうかなど、基準の違いによると思われるが、ここでは月別の内訳が記載されているので「映画年鑑」の数値を採用する。ただし、いまのところ確実な数値を得る方法がないので、被災の大体の傾向をうかがうために一応数字を掲げたに過ぎない。
(140) 以下、占領期の事実関係に関しては、特に断らない限り、平野共余子『天皇と接吻』(草思社、一九九八年)五七~六九頁。
(141) リストは『映画年鑑一九五二年版』(時事通信社、一九五一年)五二~五三頁参照。
(142) 以上、九月二二日の会見に関しては森岩雄「九・二二の手記」(『映評』四五・九、ただし、他の掲載記事の日付から、実際には一〇月上旬頃の発行と思われる)四~六頁。
(143) 津村秀夫「日本映画の運命」(『映評』四五・九)九~一〇頁。大衆蔑視については、「知識的に低い層のみに喜ばれるといふアナを狙つて、外国映画と全く違ふ観客層にばかり訴へる戦法をとるとすると、日本映画を堕落させるばかり」(一〇頁)という文章などに表れている。
(144) 筈見恒夫「我れら生きる道」(『映評』四六・一月二月合併号)。引用は六頁。
(145) 前掲田中書第三巻二二一~二二二頁。
(146) 以下、戦後の封切邦画に関しては「日本映画作品目録」(『キネマ旬報 増刊一〇月号』(一九六三年)による。この目録は前出の『日本映画作品大鑑』とほぼ同様の内容となっている（収録範囲は六三年八月まで）ので以下いちいち断らずに利用する。各作品のあらすじや配役は戦後最初期の一部の作品を除き、再刊した『キネマ旬報』による（掲載号は「日本映画作品目録」参照）ただし、この目録では東宝の『東京五人男』の封切が四六年一月三日となっているが四五年一二月二七日の誤りである。

(147)　佐藤忠男『映画の中の東京』（平凡社〈平凡社ライブラリー〉、二〇〇二年、原著一九八八年刊）一二三～一二五頁。

(148)　矢野誠一『エノケン・ロッパの時代』（岩波書店〈岩波新書〉、二〇〇一年）二四～二六頁。

(149)　四六年末までは『キネ旬』の「景況調査」、それ以後四七年から四九年までは、『キネマ旬報』が休刊する時期があるので、『一九五〇年版映画年鑑』（時事通信社編刊、一九九八年、日本図書センター復刻）の「封切成績一覧」を参照。

(150)　以下、戦後の映画興行の概況については、『キネマ旬報増刊　映画四〇年　全記録』（一九八六年二月一三日号）掲載の「一九四五―八四全国映画館入場者数／映画館数」「一九四六―八四全国興行収入／邦画洋画配給収入」「戦後日本映画各年別配収トップ一〇」（一九五〇年以後の配給収入上位一覧）による。各作品の配役などは前掲「日本映画作品目録」による。

おわりに

人々は国策映画を観ようとしなかった

結局、全体として昭和戦時期の人々は国策《こくさく》映画を観ようとはしなかった。当然、国家が映画で人々を操ることも不十分におわった。日中戦争勃発後、政府は、一般に人気があった邦画の娯楽映画は指導的でないとして、芸術性の高い国策映画が多数作られ、国民がそうした映画ばかりを観るようにさまざまな施策を講じた。映画観覧を単なる息抜きではなく、人格向上の場にしようとしたのである。

三九年に作られた映画法はそうした施策を進める上で大きな役割を果たした。大半の識者も邦画の娯楽映画を蔑視しており、政府の方針をおおむね支持した。これはまさに教養主義的な考え方であり、その意味では、この時期の映画統制は、それ以前の映画統制の治安・風俗取締という枠を超えた、教養主義的映画統制と呼ぶことが可能である。

しかし、一般の映画観客の大部分は、はじめは戦時景気で生まれた余裕から、のちには数少ない手軽な娯楽として娯楽映画を根強く支持し続けた。はじめ政府は国民映画制度の創設のように芸術的という か、高尚な国策映画を作ることにのみ熱心であった。芸術的にすぐれた映画であれば観客が集まると政府が考えていたためとしか思えない。

ところが、そうした施策はなかなか実を結ばず、第二段階として国民映画普及会のように国策映画を強制的に観覧させる方針を打ち出したが、功を奏さないうちに敗戦を迎え、政府の方針は結局太平洋戦争末期に挫折した。

人気を集めた娯楽映画は、他愛のないお笑い（エノケン物などの喜劇映画）、超人的な英雄の見事なアクション（チャンバラ映画）、夢のようなロマンチックな恋愛（『愛染《あいぜん》かつら』物や従来は国策映画と思われていた『支那の夜』など）、恵まれないものへの暖かいまなざし（『新女性問答《しんじょせいもんどう》』など）、義理と人情や自己犠牲（股旅《またたび》物や浪曲映画）など、それなりにさまざまな魅力を備えていた。

それらは観客の獲得にしのぎを削る各映画会社が試行錯誤の中から生み出したものであった。映画興行の主導権は政府でも業界でもなく、仮説の通り観客が握っていたのである。その傾向は戦後まで続いた（おそらく現代まで続いている）。

この時期の映画統制が官僚主導であったとし、これに戦後日本の政治が官僚主導であるといわれることを結びつけ、この時期の映画統制を官僚主導という日本の政治・社会の体質の一つの現れとみなす見解がある。[1]しかし、本書で見たように、官僚は社会を思いどおり動かせたわけではない。官僚は庶民たちのしたたかさに結局は勝てなかったのである。

また、映画法による映画統制は映画会社の再編など、企業統制の側面にとどまったという見解がある。[2]しかし、実際には映画の製作から上映に至るまで政府が広範に介入したことは本書の記述から明らかである。政府は映画の内容に踏みこまなかったのではなく、踏み込んでみたが国民の支援を十分に得られず敗北したのである。

結局、従来の映画と社会の関係に関する研究は表層的な観察にとどまっているといわざるをえない。そうした議論に陥ってしまうのは、映画の受け手、つまり観客の反応を具体的に掘り下げて検討しなかったためである。

映画統制の挫折の理由

政府の方針が挫折した直接の原因は、国策映画がまじめすぎておもしろみに欠けていたためであった。国策に関しては新聞やラジオ、隣組の回覧板や町内会の掲示板に貼られたポスターなどでも知らされていたので、国策について知るだけならばつまらない国策映画を観に行く必要性は薄かったのである。

それに、芸術映画は、『愛染かつら』論争の中で水町青磁《みずまちせいじ》が述べたように、映画表現の新たな可能性を開拓する上では必要であろうし、時にはこの種の映画を観るのもよい経験にはなるかも知れないが、芸術映画の鑑賞は長時間の集中力を必要とすることが多いと考えられるので、労働の疲れを癒すには必ずしも適さないであろう。

国策映画の中で例外的に大ヒットした『ハワイ・マレー沖海戦《おきかいせん》』や、『かくて神風《かみかぜ》は吹《ふ》く』は、どちらも特撮が見事で、しかも勝ち戦を題材としている。国策映画に関してはすっきりした気持ちで映画館をあとにできると予想される作品でなければ庶民は観に行かなかったのである。これはニュース映画についても同じであった。

ただし、不入りの国策映画でも観た人はいるわけで、『決戦《けっせん》の大空《おおぞら》へ』の場合でも二番館以下まで考えれば少なくとも一〇〇万人が自由意志で観ており、国民映画普及会で観覧した人はやはり一〇〇万人を超えている。特に青少年の場合は、本書で紹介した少年航空兵への志願のように感化を受けた事例が少なくなかった。

そういう意味で、特に当時青少年であった人が映画界の戦争責任を追及したくなることは一理ある。(3) といっても、映画法で大人向けとされた非一般用映画をこっそり観に行く子供が後を絶たなかったことからわかるように、子供たちがみんな大人に従順なわけでもなかった。

本文中でたびたび紹介したように、少数ながら映画関係者や識者の中には政府や識者の多数派の意向に批判的な人々もいた。彼らは、厳しい日常の現実を一時でも忘れ、明日への活力を得る手段の一つとして映画を楽しむという庶民の実情から考えて、芸術的な映画ばかり鑑賞するという行動を期待するのは無理であると考えた。彼ら少数派の意見の方が、社会の多数派の人々の意向に合致しており、芸術映画の鑑賞の特性から考えて道理にも合っており、その意味で政府の方針や識者の多数派の議論より説得力があったことは、結局政府の映画統制が挫折したことから明らかである。

戦時下における映画の社会的役割

もっとも、おもしろい国策映画を作ることは不可能ではない。それは一九四三年にアメリカで作られた『カサブランカ』(主演ハンフリー・ボガード、イングリット・バーグマン)を観ればわかる。それに、ナチスドイツのように映画の役割を人々の息抜きであると割り切って、一定の枠の中ではあるが娯楽映画に徹するという選択肢もあった。しかし日本はあくまで教養主義的映画統制にこだわり、挫折した。

では、映画業界は戦争協力に消極的だったか。史料を見る限り、そうはいえない。日中戦争初期には便乗的な戦争映画が多数作られて政府のひんしゅくを買ったが、業界に戦争遂行を妨害する意図があったわけではなく、日本の勝利を前提として、いわば安心しきっていたからこそ便乗商法に走ったのである。全体としては、映画業界は、現場の経験から、日々の仕事の能率を上げてもらうために庶民に喜ばれる娯楽を提供することが戦時下の映画の役割としてふさわしいと考えていた。

映画館にやってくる人々も大半は別に反戦でも反政府でもなかった。日中戦争は好景気をもたらしてくれたし、太平洋戦争も緒戦のうちは望みが持てたのである。ただ息抜きをしたかっただけであった。

客観的に見れば、昭和戦時下の社会において映画が果たした最大の役割は、広範な人々に息抜きの機会を与え、仕事の能率を高めることであった。皮肉なことに映画は日本が八年間も総力戦に持ちこたえることができた要因の一つであり、それゆえに日本が自国や他国、他地域に実に大きな惨禍をもたらしてしまった要因の一つでもあったのである。ただし、映画の社会的機能があくまでも息抜きであるために、戦中に作られたり上映された映画の中には同時期に他国、他地域でも喜ばれたり、敗戦後の日本の人々に復興の力を与える役割を果たしたものもあったのである。

映画統制が強化され続けた理由

では、なぜ、エリート官僚や識者の多数派は、映画論壇の少数派の意見を無視し、庶民の意向を否定的にのみとらえ、教養主義的映画統制を執拗に求め続けたのだろうか。

それを解く鍵は、当時の教養主義文化の内容と社会的意味にある。まず、その内容は、洋画が高学歴者の観るものであったことにうかがわれるように西洋崇拝志向がかなり強かったため、庶民の生活感情と高学歴者のそれとの遊離が促進されやすかった。そのため社会的には高学歴層が自分たちを一般庶民から特権化する手段と化した。その結果、高学歴者に庶民より自分たちの方が正しいという独善的な態度が生まれやすくなったのである。

ではなぜエリート官僚や識者たちは教養主義的映画統制を庶民に押し付けようとしたのか。識者たちは、西洋崇拝志向の強さから日本の庶民を西洋のそれより質的に劣っているとみなし、その改善策として、エリート官僚たちは、日本国家をより強大なものとするため国家に忠実な、つまりまじめな国民を作るための手段として、いずれも質の高い映画、すなわち芸術映画を庶民に見せようとした。理由は異なっても手段は同じだったのである。

この時期の映画統制につきまとった教養主義的な独善性は、Ⅳで出てきた、「愚映画」といわれた『支那の夜』や『孫悟空《そんごくう》』が日本の占領地で好評であったことを残念がる心理や、現地の実情を無視した南方映画政策論という形で現れている。

本書の考察から考えられること

そもそも、教養主義的映画統制推進の張本人である情報局のエリート官僚たちが映画統制をめぐって汚職疑惑を起こしたことは、当時の教養主義が真に人格の向上に資するかを疑わせるに十分であるし、さらに言えば、エリート官僚の先鋭的な部分(革新官僚)がエリート軍人たちとともに戦時下において戦時統制や新体制運動などを通じて公益優先の社会、すなわち全体主義体制の創出を試み、失敗に終わっ

たのも彼らの独善的な姿勢によるところが大である。(4)

結局、当時の日本における教養主義には多分に問題があったといわざるをえない。それは当時の日本の高等教育に多分に問題があったということでもある。学歴エリートたちが当時の教養主義に災いされて机上の空論や独善的な考えに陥ることがままあり、それが日本がとるべき道を誤った要因の一つ(軍人や政治家、有権者にも責任がないとはいえないから唯一の要因とはいえないが)と考えられるのである。

戦後日本の高等教育、特にエリート校といわれる学校のそれには同様の問題はなかったであろうか。現在はどうであろうか。もし問題があるとしたら、解決策のヒントは意外と本書でとりあげた昭和戦時期の娯楽映画のヒット作や娯楽映画擁護論の中にあるかもしれない。

(1) ピーター・B・ハーイ『帝国の銀幕』(名古屋大学出版会、一九九五年)四七二頁。
(2) 加藤厚子「日中戦争期における映画統制」(『史学雑誌』一〇九－六、二〇〇〇年)九九～一〇〇頁、同「映画法施行以後における映画統制」(『メディア史研究』一〇、同年)四九～五〇頁。
(3) 櫻本富雄『大東亜戦争と日本映画』(青木書店、一九九三年)はその一例である。
(4) 拙著『昭和戦中期の総合国策機関』(吉川弘文館、一九九二年)参照。

あとがき

二年前の秋に『孫悟空』のビデオが通信販売されていることを新聞広告で知って購入し、大学院生時代にテレビで観て以来久しぶりに楽しんだ。この時に、昭和戦時期の映画を観客の視点から研究してみようと決心したのだが、それから約二年でこの本を書き上げることができた。

本文を読んでいただいた方はおわかりのように、本書はふつうの意味での映画史の本ではない。昭和戦時下の映画統制をめぐる、行政（識者）―業界―観客の間の主導権争いを描いているという点で、私の出発点である政治史研究のようでもあるが、主な舞台は政官界ではなく一般社会であるから、しいて言えば社会史に分類されるべきかもしれない。

研究の中で同時代の洋画や前後の時代の邦画若干を含め、一二〇本ほどの映画をビデオで鑑賞した。国策映画は深刻なものが多かったが、娯楽映画は楽しめるものが多く、この不景気の時代に申し訳ないことではあるが、楽しく研究できた。講義や報告の際に、これらの娯楽映画の一部を鑑賞した際にもおおむね楽しんでいただけたようである。

当該期の映画雑誌の映画観客の動向に関する大量の記事も、人々の様子が眼前に浮かぶようで読んでいて大変楽しかったし、これらがなければこの研究はできなかった。特に『キネマ旬報』がはじめ、『映画旬報』に引き継がれた「映画館景況調査」欄は、観客の反応が継続的、具体的かつ広範にわかるという点で他の娯楽や文化では類例を見ない史料であり、『キネマ旬報』誌の慧眼に感謝のほかはない。なお、この時期の映画雑誌のうち、『日本映画』と『映画旬報』は近々ゆまに書房から復刻版が出版される。

ところで、本書が国民国家論やカルチュラル・スタディーズといった研究上の枠組みを用いていないことへの批判が出るかもしれない。これらの枠組みは歴史研究の新たな可能性の開拓に大きな功績があったが、枠組みに頼りすぎた安易な研究の増加という弊害も生んでいる。そのような研究は、短期的にはともかく、長期的には人類社会の現状や未来を考える上であまり参考にならないであろう。そこで私は、右の枠組みを意識しながらも、経験的一般論と史料から歴史を考える、古典的な実証主義にこだわってみたのである。

私としては、本書によって、専門家には文献史料と組み合わせることで劇映画も歴史を考える材料となることを知って欲しいし、一般の読者には想像されているのとはだいぶ異なる昭和戦時下の日本の様子を知ってもらい、人間と戦争の関係について考えを深める一助となればうれしい。大変残念なのは、おそらく二〇〇本に満たない昭和戦前〜戦後直後の邦画劇映画のビデオのうち、松竹作品以外の大半を扱っていた通信販売（キネマ倶楽部）が本年九月で終了したことである。

それでもこの時期の邦画の劇映画を観る方法はある。日活の一部の作品や東宝の黒澤明監督作品、松竹作品のビデオやＤＶＤは当該各社が市販しているし、キネマ倶楽部のものも一部は別の形で再発売される予定となっている。また、早稲田大学演劇博物館、横浜市立中央図書館のＡＶコーナーにはこの時期の邦画ビデオが大量にあり、だれでも視聴できる。関西にもこうした施設があるはずである。さらに、東京都内ではこの種の映画ビデオを少なからず置いている公共図書館やレンタルビデオ店が珍しくないし、一部の公共施設や名画座のたぐいの映画館ではこの時期の邦画が時々上映されている。その他の地域ではどうだろうか。

本書は拙稿「昭和戦時期の日本社会における映画の役割」（『日本歴史』六四二、二〇〇一年）、「太平洋戦争期の日本社会における映画の役割」（『横浜市立大学紀要』人文科学系列九、二〇〇二年）、勤務校での講義、市民講座や研究会の報告内容を補足・改訂したものである。

本書の完成までには多くの人々や文献、施設、特に早稲田大学演劇博物館の図書室、東京国立近代美術館フィルムセンター図書室、横浜市立中央図書館のＡＶコーナー、勤務校（横浜市立大学）のＬＬ教室のビデオライブラリーには大変お世話になった。なかでも早大演劇博物館の図書室は、『キネマ旬報』をはじめとする映画雑誌の所蔵に関して質量ともにすぐれているだけでなく、夏休みと大学の入試期間以外はほぼ毎日開館しており、だれでも利用でき、文献複写も安価であるなど、利用のしやすさは感動的でさえある。

さらに、もとになった論文を読んでくださった研究者仲間の方々、勤務校での二〇〇一年度前期の講義「日本近現代史」と二〇〇一年一二月のリカレント講座「映画で読む昭和史」の受講生の皆さん、洋楽文化史研究会、一九四〇年代美術史研究会の皆さんからはたくさんの有益なご質問・ご意見をいただいた。ありがとうございました。さらに、私事にわたって恐縮であるが、知識人の動向について教示を受け、初校を入念に検討してくれた妻にも感謝したい。

本書はわずか二年間の研究の成果であり、読み残した文献史料、観残した映画は少なくない。当然ながら不十分なところや思わぬ誤りがあるかもしれない。お気づきの際はご指摘をお願いするとともに、こうした研究のさらなる進展を期待したい。もし、本書が多少ともおもしろい、あるいは見るべき歴史研究になっていたら、それはお世話になった方々、文献、施設のおかげであるとともに、昭和戦時下の娯楽映画に人を楽しませる力があるからに他ならない。逆に、つまらない、欠点の多いものになっていれば、それは私の非力のためである。

二〇〇二年一一月

古川隆久

新装復刊にあたって

本書誕生までの経緯や執筆の意図については「あとがき」に書いたので、ここでは本書初版刊行以後、今回の新装版刊行に至る本書をめぐる状況について紹介し、改めて本書の意義について考えてみたい。

ありがたいことに、本書は刊行直後から書評の対象となった。最初は映画史研究者の方々が書評の労を取ってくださった。しかし、「「国策映画」の範囲をあえて狭く限定したうえで、そこから政治的にニュートラルな「娯楽映画」を切り離して、両者の決して相容れない対立を論じるという本書の枠組みは、端的明瞭である一方で、ともすれば、複雑な状況を過度に単純な二項対立の図式に還元する傾向がある。〔略〕ある局面においては政治性の薄い「娯楽」として受容されていたフィルムが、別の局面においては政治的なプロパガンダとして機能していた可能性が看過されかねない[1]」、「国家の介入の経過を主に年代記的に記述していることと、ヒット映画をその時代の批評によって要約しているため、いまひとつ歴史的展開の全貌をつかまえにくい。もっと著者の作品分析をだしてほしかった[2]」など、本書における映画作品の扱い方には相当の違和感があったことがそれらの書評から察せられる。

表象研究としての映画研究は、隠された意味まで含めて作品に込められた意味を明らかにすることにより、その作品の美的価値を考察することが目的であるために、こういう評価になるのであろう。しかし、歴史学の研究においては、過去の史実としての映画興行の意味を研究する一環として個々の作品を史料として扱うので、自分の解釈や現代の視点から解読することは不必要である。それに、過去に製作され、公開された作品の価値を考察する上では、作品分析とともに、当時の評価や受容の様相も把握することが必要ではないだろうか。事実、本書刊行後、昭和戦時期の作品を対象とした映画研究においては、本書を用いて当時の受容の様相にふれることがほぼ通例となっている。

映画を歴史学研究の対象とすること自体は本書刊行以前から行われているが、[3] 時期を特定して映画興行の状況の記録や個々の上映作品を史料として扱い、映画興行の歴史的意義を考察した研究は本書が初であったことが、強い違和感の表明につながったと考えられる。

しかしながら、本書は、大衆文学研究会主催の第十六回尾崎秀樹記念大衆文学研究賞（二〇〇三年度）研究・考証部門を受賞する栄に浴した（二〇〇三年一一月四日本選、一二月二〇日贈呈式）。同会は学術団体ではなく、大衆小説の愛好家と作家による同好団体で、審査員は同会の当時の幹部でもある石川弘義・伊藤桂一・早乙女貢・高橋千劔破の四氏、石川氏は社会学者だがあとの三氏は作家で、会員等の推薦やアンケートの結果、候補作となった。選評は、戦時下において「実は娯楽作品の方が国策映画より人気が高かった。ということを本書はデータによって明らかにした」というものである。[4] 同会の会員は高齢者層が多いので、[5] 当時の実体験者の実感をデータで裏付けた点が評価されたことがわかる。

その後は社会学や歴史学の立場からの書評が現れ、本書の研究手法を高く評価していただいた。[6] そうした中で映画史研究者の原田健一氏は、本書から研究課題を敷衍するという建設的な視点から批評を試みている。[7] すなわち、観客の国策映画の受容状況について、さらに掘り下げて検討してみる必要があること、観客の観覧行動（連れを伴うかどうか、女性や子供が観覧行動の主導権を取っているかどうか）が国策映画の受容状況に影響を与えた可能性、娯楽映画の方が好まれたことに関して常連客の動向に注意を向ける必要性の三点を指摘され、それらをふまえて、本書では観客の行動についての掘り下げが十分ではない旨の評価を下されている。

本書は、過去の映画興行を個々の上映作品を含めて社会的現象としてとらえる視角を徹底した初の研究である以上、さらなる掘り下げの余地があることは認めざるを得ない。しかし、こうした三つの方向性の研究は今に至るまでほとんど行われていない。おそらくは手掛かりとなる史料を探すことが困難なためと考えられる(8)。そして、本書は昭和戦時下の社会現象としての映画興行について知る上でほぼ唯一の書物として利用されてきている(9)。

一方、本書の研究手法をふまえた歴史学者による映画に関わる歴史研究は、その後次第に広がりを見せている(10)。本書刊行時にはビデオの通信販売の終了によって視聴が困難になりつつあった戦時下の邦画は、著作権が切れたためか、近年その多くがＹＯＵＴＵＢＥで視聴できるようになり、根本史料である主要な映画雑誌も復刻された(11)。研究環境は好転しつつあり、さらなる研究の進展を期待したい。

本書は、映画興行と上映された映画という、過去の重要な社会現象を、歴史学の研究対象として扱えることを示した。しかし、それは、残存した（芸術史としての映画史では顧みられない）映画作品、映画雑誌の中に残された人々の様子や声が、いつか誰かに紐解かれることを待っており、たまたま小生が最初にその紐を解いたからに過ぎない。改めて、昭和戦前・戦時期の『キネマ旬報』『映画旬報』の慧眼に敬意を表したい。

(1) 鷲谷花「新たな視角を示す―「国策」と「娯楽」の葛藤―」(『週刊読書人』二四八〇号、二〇〇三年三月二八日)六頁。
(2) 千葉伸夫「国家権力がどのように映画に近付き、掌握し、失敗し、放り出すか 隠されたものは、もちろん守勢の戦局」(『図書新聞』二六二五号、同年四月一二日)四頁。
(3) その成果をまとめたものとして、企業や業界統制の視点から映画統制の歴史の全体像と意義を考察した加藤厚子『総動員体制と映画』(新曜社、二〇〇三年)、日本の植民地における映画の製作や興行の歴史を考察した三澤真美恵『「帝国」と「祖国」のはざま―植民地期台湾映画人の交渉と越境―』(岩波書店、二〇一〇年)などがある。
(4) 「第十六回尾崎秀樹記念大衆文学研究賞 二〇〇三年度」(『大衆文学研究』一三一号、二〇〇四年六月)三八頁。
(5) 『大衆文学研究』誌の内容(昔見た映画についてのコメントを集めた特集号などがある)から推測できる。
(6) 長谷川倫子氏の書評(『メディア史研究』一五号、同年一一月)、刑部芳則氏の新刊紹介(『風俗史学』二九号、二〇〇五年一月)、鈴木一史氏の文献紹介(『年報 戦略研究』五号、二〇〇七年一一月)など。
(7) 原田健一「書評 映画は、日本でいかにして普及したか―牧野守、加藤厚子、古川隆久三氏の研究をめぐって―」(『メディア史研究』一六号、二〇〇四年四月)。この書評は、一部改稿の上、同『戦時・占領期における映像の生成と反復―メディアの生み出す社会的記憶―』(知泉書館、二〇一九年)第七章三節に収録されている。
(8) 唯一の例外は金子龍司『昭和戦時期の娯楽と検閲』(吉川弘文館、二〇二一年)である。同書は、受容者の投書を活用して、大衆娯楽検閲を検討した好著である。
藤木秀朗『映画観客とは何か―メディアと社会全体の近現代史―』(名古屋大学出版会、二〇一九年)は、観客の主体性を重視すべきとしている(特に五〇三頁)が、検討対象は観客に対する同時代の言説にとどまっている。それに本書では、観客も映画興行をめぐる主導権争いの主役の一つとしており、観客を主体としてちゃんと扱っている(本書三、二三七頁)。また、同書は加藤氏や古川の研究がもたらした知見が同時代についての他の諸研究と整合していないと批判するが、申し訳ないがそれは誤解である。他の研究は「仕掛ける」側の理念を明らかにし、加藤氏や古川は「受け手」(加藤氏は映画会社、古川は観客)の対応のありようを明らかにしたのであって、表と裏の関係に過ぎないのである。

(9) 当該期の映画に関する論文類では興行状況について本書を論拠にしている。なお、佐藤卓己「メディア」(文春新書編『昭和史がわかるブックガイド』文春新書、二〇二〇年)一二七頁でも当該期の映画興行の社会的意味がわかるとして本書が紹介されている。

(10) 古川が把握している範囲では、町田祐一氏、金山泰志氏などの研究がある。また、ユニークな研究として、映画と歴史学の関係を主題とした京樂 真帆子の諸研究もある。

古川自身の本書以後の研究としては、映画館側の国策映画の観客動員の実態を掘り下げた「昭和戦時期日本の映画観客についての覚書—映画法施行前後の『国際映画新聞』から—」(『芸術受容者の研究—観者、聴衆、観客、読者の鑑賞行動—』(平成二〇～二二年度科学研究費補助金(基盤研究(B))研究成果報告書(課題番号二〇三二〇〇二八)、研究代表者五十殿利治)二〇一一年三月)、台湾における日本映画の上映状況について検討した「植民地期台湾所在の映画フィルム中の劇映画に関する若干の歴史学的考察」(『研究紀要』〔日本大学文理学部人文科学研究所〕八二号、二〇一一年一〇月、のち、改稿短縮の上、三澤真美恵編〈出版協力国立台湾歴史博物館〉『植民地期台湾の映画』〈東京大学出版会、二〇一七年〉に「植民地期台湾で巡回上映された娯楽映画の特徴」として収録)、エッセーであるが、本書「はじめに」注(14)の記述について検討した「歴史手帖　映画館の税金対策」(『日本歴史』六九八号、二〇〇六年七月)がある。

(11) 『キネマ旬報』『映画旬報』『日本映画』などの復刻版がゆまに書房から出ている。

た　行

な　行

は　行

ま　行

や・ら行

〈作品名〉

あ　行

か　行

さ　行

索　　引

〈人　　名〉

あ　行

か　行

さ　行

著者略歴
一九六二年生まれ
一九九二年　東京大学大学院人文科学研究科博士課程修了、博士（文学）
現在　日本大学文理学部教授

主要著書
『昭和戦中期の総合国策機関』（吉川弘文館、一九九二年）
『昭和天皇』（中央公論新社、二〇一一年）
『ポツダム宣言と軍国日本』（敗者の日本史二〇、吉川弘文館、二〇一二年）
『建国神話の社会史―史実と虚偽の境界―』（中央公論新社、二〇二〇年）

戦時下の日本映画〈新装版〉
人々は国策映画を観たか

二〇二三年（令和五）三月一日　第一刷発行

著　者　古《ふる》川《かわ》隆《たか》久《ひさ》
発行者　吉川道郎
発行所　株式会社　吉川弘文館
東京都文京区本郷七丁目二番八号
郵便番号一一三―〇〇三三
電話〇三―三八一三―九一五一〈代表〉
振替口座〇〇一〇〇―五―二四四番
http://www.yoshikawa-k.co.jp/
印刷＝株式会社　平文社
製本＝株式会社　ブックアート
装幀＝河村　誠

ISBN978-4-642-08426-0

古川隆久著

大正天皇（人物叢書）

四六判・二八八頁／二〇〇〇円〈僅少〉

激動の明治・昭和の狭間で大正時代を治めた「守成」の君主。明治天皇唯一の皇子として国民と身近な人間像を演出したが、生来の虚弱体質により天皇としては影薄く終わった。近年公開の史料も活用し、悲運の生涯に迫る。

近衛文麿（人物叢書）

四六判・三〇四頁／二二〇〇円

昭和前期の政治家。摂関家嫡流の家に生まれ、首相を三度務めた。国家総動員法の制定、大政翼賛会の発足、日独伊三国同盟の締結と、太平洋戦争開戦直前まで政治の中枢にあり、戦後、戦犯指名を受け自死に至る生涯を描く。

ポツダム宣言と軍国日本（敗者の日本史）

四六判・二四〇頁・原色口絵四頁／二六〇〇円

ポツダム宣言を受諾、再出発した〝敗者〟日本。軍国化への道と太平洋戦争の敗北から何を学ぶことができるのか。最新の研究成果を駆使して敗因を分析し、そこから得た教訓が戦後日本にいかなる影響を与えたのかを探る。

皇紀・万博・オリンピック

皇室ブランドと経済発展（読みなおす日本史）

四六判・二五六頁／二二〇〇円

西暦一九四〇年、天皇即位から二六〇〇年たったとして、政府は橿原神宮の整備、万国博覧会開催、オリンピック招致などを計画した。国威発揚と経済発展を目指した計画の実行過程を検証し、戦後に残る遺産や影響も考える。

吉川弘文館

（価格は税別）